贵州省青年学术先锋号建设项目资助

NONGCUN CHANYE FAZHAN FUNENG
XIANGCUN ZHENXING DE GUIZHOU SHIJIAN

农村产业发展赋能
乡村振兴的贵州实践

◎ 肖 锐／著

中央民族大学出版社
China Minzu University Press

图书在版编目（CIP）数据

农村产业发展赋能乡村振兴的贵州实践／肖锐著. —北京：中央民族大学出版社，2024.4

ISBN 978-7-5660-2147-2

Ⅰ.①农…　Ⅱ.①肖…　Ⅲ.①农业产业—产业发展—影响—农村—社会主义建设—研究—贵州　Ⅳ.①F327.73

中国国家版本馆 CIP 数据核字（2024）第 081745 号

农村产业发展赋能乡村振兴的贵州实践

著　　者	肖　锐
责任编辑	舒　松
封面设计	布拉格
出版发行	中央民族大学出版社
	北京市海淀区中关村南大街 27 号　邮编：100081
	电　话：(010)68472815(发行部)　传真：(010)68932751(发行部)
	(010)68932218(总编室)　　　　(010)68932447(办公室)
经 销 者	全国各地新华书店
印 刷 厂	北京鑫宇图源印刷科技有限公司
开　　本	787×1092　　1/16　　印张：14
字　　数	210 千字
版　　次	2024 年 4 月第 1 版　　2024 年 4 月第 1 次印刷
书　　号	ISBN 978-7-5660-2147-2
定　　价	68.00 元

目 录

农村产业发展赋能乡村振兴的贵州实践

农村产业发展赋能乡村振兴的贵州实践

绪　论

一、研究背景及问题的提出

自 2018 年 1 月 2 日中共中央、国务院发布《中共中央国务院关于实施乡村振兴战略的意见》以来，贵州省委省政府高度重视乡村振兴战略工作部署，为振兴农村经济，于 2018 年 2 月 9 日召开的贵州省委农村工作会议上提出"来一场振兴农村经济的深刻的产业革命"，并将其写进文件《中共贵州省委 贵州省人民政府关于乡村振兴战略的实施意见》，率先开展了农村产业的大变革。农业农村部于 2020 年 7 月 9 日印发《全国乡村产业发展规划 (2020—2025 年)》，指出产业兴旺是乡村振兴战略的重点，是解决农村一切问题的前提，做好新时代的"三农"工作是全党工作的重中之重。贵州省委省政府依据贵州多雨水、多山地，传统农业以玉米、中籼稻、油菜等为主，分片种植、不成规模的气候、地貌、农业发展实际，创新性提出"八要素"（产业选择、培训农民、技术服务、资金筹措、组织方式、产销对接、利益联结、基层党建）和"五步工作法"（政策设计、工作部署、干部培训、监督检查、追责问责）推动农村产业发展发生历史性变革，为农村经济全方位振兴赢得新突破。贵州省委省政府明确了茶叶产业、食用菌产业、蔬菜产业、牛羊产业、特色林业（竹、油茶、花椒、皂角等）、水果产业、生猪产业、中药材（石斛）产业、刺梨产业、生态渔业、辣椒产业、生态家禽产业等 12 个特色产业，在全省范围内开展了农村产业发展的改革实践，全面实现贵州现代化大农业发展。2021 年 2 月，习近平总书记到贵州视察时，要求贵州坚持以高质量发展统揽全局，在新时代西部大开发上闯新路，在乡村振兴上开新局，在实施数字经济战略上抢新机，在生态文明建设上出新绩。2022 年，《关于支持贵州在新时代西部大开发上闯新路的意见》（国发〔2022〕2 号）出台，赋予贵州西部大开发综合改革示范区、巩固拓展脱贫攻坚成果样板区、内陆开放型经济新高地、数字经济发展创新区、生态文明建设先行区的战略定位，为贵州发展带来了重大红利，注入了强大动力。抢抓历史新机遇，贵州用好、用足中央支持政策，坚持以高质量发展统揽全局，系统谋、大胆改、务实干，大力实施围绕"四新"主攻"四化"主战略，努力实现"四区一高地"主定位，奋力在新时代西部大开发上闯出一条符合贵州特点的高质量发展新路径。贵州农村产业大变革是贵州省委省政府对历史发展规律与农村新形势的准确把握，符合新时代背景下深化农村改革、助推乡村振兴战略的主线，同时对缓解当前我国"三大差别"（工农差别、城乡差别和脑力劳动与体力劳动的差别），解决农业结构性问题，夯实决战决胜脱贫攻坚成果具有重要现实意义。自"来一场振兴农村经济的深刻的产业革命"提出以来，一场振兴农村经济的产业大变革为贵州大地注入无限生机和活力，当然也有一些实践中的困惑值得思考。笔者试图通过大量的访谈了解众多参与农村产业发展的干部和群众的真实体验、成长收获、困境出路，以期打造农村产业发展赋能乡村振兴的贵州样板。

二、研究内容及方法

（一）研究内容

对农村产业发展赋能乡村振兴战略的路径进行研究，具体分为四个部分共八章内容。

第一部分为理论基础，包含绪论和第一章。绪论部分主要阐述研究背景及问题的提出、研究内容及方法、研究思路、研究的创新及不足。第一章主要阐述农村产业发展赋能乡村振兴战略的理论分析框架。包含现代化大农业、贵州农村产业发展、乡村振兴战略三个主要概念的界定；增长极理论、一村一品理论、产业集群理论、区域比较优势理论四个典型理论借鉴的阐述；关于农村产业发展的研究进展、乡村振兴战略的研究进展、农村产业发展赋能乡村振兴战略的研究进展等方面的国内外文献综述；贵州农村产业发展赋能乡村振兴战略的内在机理。

第二部分为实证调研，包含第二章和第三章。在第一部分理论基础的指导下，对贵州农村产业发展的实施情况进行数据收集、整理、分析。第二章主要对贵州农村产业发展赋能乡村振兴战略实施的现状进行考察。首先，阐述了贵州农村产业发展取得的显著成就：经济收益显著提升、产业定位日益清晰、产销体系构建渐成规模、村集体经济发展初见成效、典型案例引领产业发展。其次，进行问卷调查与分析，阐述分析问卷设计与数据来源、基础背景信息、产业调查、认知与态度、困难与建议。第三章是贵州农村产业发展赋能乡村振兴战略实施的典型访谈实录及分析。访谈对象分为国家公职人员和普通民众两大类，对农村产业发展的态度分为支持态度、不支持态度、无所谓不关心态度三种，由于访谈对象有 200 人，整理的访谈记录近 10 万字，本部分只选取了典型的访谈内容进行展示，但在总结分析时仍然考虑到了所有的被访者，并对被访者两个类型三种态度进行了分类解读。

第三部分为问题分析，包含第四章和第五章。主要是对第二部分实证研究内容的深入分析和对第一部分理论基础指导实践的回应。第四章分析贵州农村产业发展赋能乡村振兴战略的影响因素：政策调控、产业定位、市场运作、乡村人才、农民素质。第五章是对理论指导实践的回应，阐述贵州农村产业发展赋能乡村振兴战略的机制和三种模式：以种植业为主的产业融合发展模式、以养殖业为主的龙头企业带动型发展模式、以旅游业为主的产业集群组织模式。

第四部分为问题解决与总结，包含第六章和第七章。第六章阐述了贵州农村产业发展赋能乡村振兴战略的路径选择。具体为党建引领：政策实施到位，政府赋能：产业定位精准，社会赋能：市场运作顺畅，人才赋能：乡村人才归位，强基赋能：农民素质提升。第七章是在前六章理论研究与实证研究的基础上得出的研究结论。

（二）研究方法

1. 文献研究法

主要采用搜集、鉴别、整理文献的工作方法，通过对关于农村产业发展和乡村振兴相关的文献资料进行整理研究，完成贵州农村产业发展赋能乡村振兴战略路径研究的文献综述，并指出与此议题相关的四个理论借鉴：增长极理论、一村一品理论、产业集群理论、区域比较优势理论。

2. 田野调查法

为深入了解贵州农村产业发展实施情况，科学研判贵州农村产业发展走势，更好地了解民生、民意及政策实施效果，通过问卷调查与深度访谈相结合的方法进行田野调查。

3. 定量分析法

问卷设计按照背景信息、客观事实、认知与态度、意愿的逻辑顺序展开，在设计题目的过程中，按照逻辑关系设置了跳答题；在统计分析时，对缺失值进行了科学处理；并编辑了查程序，对问卷中题目的逻辑关系进行了纠错处理，确保问卷填答的正确性和合理性。试图通过 SPSS 统计分析问卷体现出来的普遍现象，并通过深度访谈探究问卷背后人们价值判断和行为选择的深层次意义。

三、研究思路

贵州农村产业发展是贵州实施乡村振兴战略的创新举措，大农业发展的广泛兴起为实现乡村振兴战略加码助力。贵州农村产业发展作为贵州省委省政府的一项重大战略，在贵州引发了一场思想观念、发展方式和工作作风的大转变，为实现农村经济转型升级提供了理论指导和政策支持。在党和国家的战略支持和贵州省委省政府的全力指导下，贵州农村走出了一条特色化的发展道路，取得了显著成绩。尤其在自上而下的通道中，打通了"上"的环节，政策、措施、保障都是到位的，但是"下"的环节（重点是农民和基层干部）在实践操作层面遇到了瓶颈。要真正实现上通下达的政策实施效果，需要深挖面临的瓶颈，以寻找突破口。正是基于以上背景，笔者试图通过理论分析和田野调查厘清农村产业发展赋能乡村振兴战略的理论分析框架、贵州农村产业发展赋能乡村振兴战略实施的现状进行考察、贵州农村产业发展赋能乡村振兴战略实施的影响因素、贵州农村产业发展赋能乡村振兴战略的机制与模式、贵州农村产业发展赋能乡村振兴战略的路径选择。

具体思路如下。第一，综合梳理国内外学者关于农村产业发展及乡村建设问题的相关研究成果，并在主要概念界定、典型理论借鉴、国内外文献综述的基础上提出贵州农村产业发展赋能乡村振兴战略的内在机理。在学理上阐述清楚贵州农村产业发展和乡村振兴战略两者的关联性。第二，精心选择具有代表性和典型性的农村进行实地调研。厘清贵州省在推进振兴乡村经济的产业变革中取得的成就、面临的问题。对贵州农村产业发展赋能乡村振兴战略实施的现状进行考察，通过定性研究和定量研究相结合的方式，尽量呈现贵州农村产业发展的全貌和细节。并关注农村产业发展实施当事人（国家公职人员和普通民众）的生活体验和心理感知，更深入地理解农村产业发展实施全过程。第三，在理论研究和实地调研的基础上，理解分析指出贵州农村产业发展赋能乡村振兴战略的影响因素：政策调控、产业定位、市场运作、乡村人才、农民素质。阐述贵州农村产业发展赋能乡村振兴战略的三种机制：激励机制、制约机制、保障机制；三种模式：以种植业为主的产业融合发展模式、以养殖业为主的龙头企业带动型发展模式、以旅游业为主的产业集群组织模式。以上为贵州农村产业发展赋能乡村振兴战略的路径选择做好铺垫。第四，提出贵州农村产业发展赋能乡村振兴战略的路径选择，党建引领：政策实施到位，政府赋能：产业定位精准，社会赋能：市场运作顺畅，人才赋能：乡村人才归位，强基赋能：农民素质提升。运用科学方法对党建引领、政府赋能、社会赋能、人才赋能、强基赋能等方面的运行机制及内部逻辑进行深入剖析，并结合农村产业发展赋能乡村振兴战略面临的现实问题提出科学可行的对策建议。

四、研究的创新及不足

（一）研究的创新

1. 研究视角新颖

从政府推动、政策支持、参与人体验等多重视角探析农村产业发展赋能乡村振兴问题，视角新颖生动，一方面，反映了民族地区、县城近郊、边远山村的产业资源，村民生产经验偏好，国家政策资源倾斜，交通运输条件改善，农业科技培训，承包地的开发利用，以及农村能人、合作社组织介入等问题；另一方面，在政府强力推动和政策支持下，能为落后地区带来产业发展和个人命运改变的机会，为"十四五"巩固拓展扶贫成果有效衔接乡村振兴提供借鉴参考。

2. 研究方法创新

聚焦贵州农村产业发展实际情况，通过针对国家公职人员和民众的深度访谈，厘清了贵州农村产业发展与乡村振兴战略落地实施的现状、关系。大量细致深入的田野调查、问卷调研与结构访谈保证了课题研究的信度和效度，全景式刻画了当前贵州农村产业发展和乡村振兴战略实施中干部和民众面临的问题和内心诉求，研究方法与研究对象契合度高，具有一定的创新性。

（二）存在的不足

1. 数据的全面性和时效性不足

由于数据主要来自新华网、人民网、贵州省政府网站、贵州省统计局、各市州政府网站和访谈过程中收集到的数据资料，数据的全面性和时效性受到限制，数据不够全面。

2. 访谈资料利用不充分

笔者在贵州省黔东南苗族侗族自治州、黔南布依族苗族自治州、遵义市、毕节市、铜仁市、仁怀市、盘州市等7个市（州）20个田野点发放了200份问卷，并深度访谈了200位被访者，访谈资料整理近10万字，受访者年龄跨度大，从17岁到70多岁，男女老幼皆有；文化层次跨度大，从未上过学到硕士研究生。访谈资料翔实、内容丰富、涉及面广，但实际运用到本书稿中的内容有限，分类方式也显得单薄。

第一章　农村产业发展赋能乡村振兴战略的理论分析框架

一、主要概念界定

（一）现代化大农业

现代化大农业是指广泛应用现代科学技术、现代工业提供的生产资料和科学管理方法进行的社会化农业。这种农业模式强调农业生产的高度组织化和规模化，以提高生产效率、降低生产成本，并确保农民获得更高的收益。新型工业化、新型城镇化、农业现代化、旅游产业化都是现代化大农业发展的有利支撑，大农业已不再局限于农业本身，新时代的现代化大农业突出现代农业的大规模、大企业、大产业，凸显规模化经营、鼓励农村企业发展、强调农业的多功能性。除粮食生产外，农产品加工、生态环境保护、农村旅游等诸多内容都在大农业的体系之内。

大农业的发展是农业现代化的重要标志之一，也是农业可持续发展的必要条件。

我国农业发展总体上经历了三个阶段：刀耕火种阶段、传统农业阶段、工业化农业阶段。刀耕火种又称为转移农业、轮歇栽培、撂荒制等，该方法用火烧的方式清理土地，然后种植作物，经过1—3年后，撂荒闲置多年，用于恢复植被和地力，作物生产则转移到新的地段进行。刀耕火种是在人少地多、生产工具落后条件下的一种农业方式。传统农业最重要的挑战是对农田土壤肥力的维持，在东方和西方，根据各国的国情采用不同的策略以迎接挑战。在传统农业阶段，由于社会的发展还处于农业社会或者工业化初期，通过长期的摸索和经验累积，传统农业采用了一系列方法维护土壤肥力，这些方法包括秸秆还田、种植绿肥、粪便回田、堆肥制作、作物轮作、作物间作、草田轮作、休耕等。工业化农业的最大特征是高的劳动生产率、土地生产率和产品商品率。工业化农业的过程使大量劳动力离开农业，投身到工业和服务业中，进一步促进了社会经济的发展。自然界微妙复杂的关系大量被人类工业化思维的规格化、简单化和直线关系所主导。我们现在所处的现代化大农业阶段是工业化农业阶段的成熟时期，现代化大农业是农村产业的一次大变革。

在 200 多年的现代文明中，先后发生过六次产业革命，已经为人类创造了巨大的物质和精神财富，为推动人类社会向前发展起到了不可替代的作用。第一次产业革命的典型特征是纺织产业的兴起。第一次产业革命发生于 1780—1914 年的西欧和北美，它使人类社会"从农牧民转变为驱动无生命机器的操纵者"[①]，彻底改变了人类的生产方式和生活方式，奠定了现代经济社会的基础。第一次产业革命的结果是人类进入工业经济时代。在这个时代，机械力代替了人力，劳动生产率大大提高；工厂规模化战胜了传统的小生产体制，在此体制下，工人以专业化和分工的方式结合起来，进行有纪律的机械化大生产，提高了劳动生产率；经济生活由以乡村为主转为以城市为主，导致大型城市的兴起；生产和消费彻底分离，自然经济被完全打破，这是一个完全不同于过去的时代。第二次产业革命的典型特征是钢铁及其制造业的兴起。19 世纪晚期到 20 世纪初，科学技术的发展，使生产方式、设备和产业结构发生全面的本质的变革。第二次产业革命首先是从美国的能源部门开始的，电力的输送和规模的扩大，为工业的发展提供了动力来源。1879 年，爱迪生制成了第一只实用的白炽电灯泡，从而发明了电灯。美国用钢代替铁的使用，通过革新炼钢法大大提高了钢的产量。第二次产业革命促进生产力飞跃发展，使社会面貌发生翻天覆地的变化，形成西方先进、东方落后的局面，资本主义逐步确立起对世界的统治。第三次产业革命的典型特征是能源与新材料产业的兴起。"电力和重型工程"的技术革命，引发了以石油和重化工及电力工业为主导产

---

① 卡洛·M. 奇波拉. 欧洲经济史：第 2 卷 [M]. 北京：商务印书馆，1998.

业的第三次产业革命。信息技术及其信息产业对社会生产的组织形式产生了一系列的作用。它以原子能、电子计算机和空间技术的广泛应用为主要标志，是涉及信息技术、新能源技术、新材料技术、生物技术、空间技术和海洋技术等诸多领域的一场技术革命。随着科技的不断进步，人类的衣、食、住、行、用等日常生活的各个方面也在发生重大的变革。现代工业体系已基本形成。第四次产业革命的典型特征是汽车产业的兴起。21世纪开始的第四个长周期是"福特制和大生产"式的技术革命，它引发了以汽车工业作为主导产业的第四次产业革命，重点解决了人类"行"的问题。"工业4.0"以智能制造为主导，通过充分利用信息通信技术和网络空间虚拟系统—信息物理系统相结合的手段，将制造业向智能化转型。这次产业革命，中国第一次与发达国家站在同一起跑线上，在前几次的产业革命过程中，中国都是边缘化者、落伍者。进入21世纪，中国实现了成功追赶，与美国、欧盟、日本等发达国家站在同一起跑线上，在加速发展产业革命的同时，正式发动和创新第四次产业革命。第五次产业革命的典型特征是IT技术信息产业。20世纪70年代至今，特别是90年代以来，计算机与手机的普及应用，网络与通信技术的结合带来的信息产业大发展，带来了第五次产业革命（也称信息产业革命）。美国引领了信息产业的变革，以IBM、微软、苹果、谷歌等为代表的企业先后崛起；而中国则依靠改革开放和巨大的市场规模，大量引入美国先进的技术，实现了信息通讯领域的跨越式发展，诞生了像阿里巴巴、腾讯、华为等一批世界级互联网和信息科技企业。大数据无时无刻不在影响着每个人，所做的决策也不再仅仅依主观判断，甚至我们的一个习惯动作、一次消费行为、一份就诊记录，都正在被巨大的数字网络串联起来。大数据挖掘和整合了一切有用的信息，为人类社会提供了更好的服务，也让世界经济格局发生着巨大的变革。科技的发展使物联网的成本效率逐渐上升的同时，也让数据体量更加迅速地增长。不只在工业领域，随着互联网和移动互联网的普及，大数据深度影响了各行业领域，地球成为真正意义上的"地球村"。第六次产业革命的典型特征是延长人类生命周期的相关产业的兴起。1984年12月23日，钱学森教授提出了指导中国21世纪发展的产业革命理论——第六次产业革命。他指出：第六次产业革命是创建农业型、知识密集型产业。农业型的产业是指像传统农业，以太阳光为直接能源，靠地面或海洋里的植物的光合作用为基础，来进行产品生产的生产体系；知识密集型产业是指依靠和运用先进、复杂的科学技术知识、手段进行生产、服务的产业；第六次产业革命具体分为农产业、林产业、草产业、海产业和沙产业五个方面。创建知识密集型的大农业是钱学森晚年的科学构想。从历次产业革命的发展进程规律可以看出，技术是由低级向高级发展的，产业也同样是由低级向高级演进的，其实质是解决人类生命体的生存与延续。如果说前五次产业革命是满足人类生命体周期的需求，那么第六次产业革命，将主要是满足延长生命体周期的需求。未来的产业革命，也仍然是围绕着维持与延长生命体的物质与精神需求，不断向高级发展的。随着技术创新和技术进步，现代化农业成为农村产业发展的主要方向，农村产业发展作为第六次产业革命的重要组成部分，正全面助推乡村振兴，进而带来整个社会的全面进步。

（二）贵州农村产业发展

1. 农村产业发展的内涵与外延

农村产业发展，其内涵是通过制度创新，从经济、技术、社会进步方面带动产业发展和乡村振兴。农村产业发展的外延涉及粮食生产、农产品加工、生态环境保护、农村旅游等诸多内容。长期以来，贵州农村主要种植玉米、土豆、水稻三大作物，劳动生产率低，脱贫增收速度慢，尤其是玉米有 1200 万亩（1 亩≈666.67 平方米），平均每亩收益仅 600 多元，传统的小农经济严重制约了农村的发展。贵州特殊的地理位置与地形地貌，决定了无法走大型机械化的发展道路，但作为一个农业占比较大的省份，借助地理优势发展山地农业、畜牧业，是其不错的选择。为了充分利用贵州的地理位置、地貌特征、资源禀赋，更好地在脱贫攻坚基础上衔接乡村振兴，2018 年 2 月，在贵州省委农村工作会议上，明确提出"来一场振兴农村经济的深刻的产业革命"，把农业供给侧结构性改革、农村经济结构调整、乡村振兴的产业振兴、产业扶贫有机结合起来，采取超常规举措，深入推进思想观念、发展方式、工作作风的革命性转变，并将其写进文件《中共贵州省委 贵州省人民政府关于乡村振兴战略的实施意见》。自此，贵州农村产业发展进入新的历史时期。

2. 贵州农村产业发展实施的必然性

贵州多山地、多雨水，传统农业以玉米、中籼稻、油菜等为主，分片种植、不成规模。在国家大力扶持和贵州奋力追赶下，贵州经济发展增速迅猛，产业变革力度前所未有。贵州农村产业发展作为乡村振兴战略的重要组成部分被反复强调，它的实施有其历史必然性。第一，贵州的自然条件为农村产业发展提供了现实基础。贵州农村原生态维护良好，有广阔的开发空间。贵州的山地资源、气候特征，有利于中草药、茶叶等的种植。天麻、太子参、山银花、石斛等几千种中草药的原材料可以延伸多条产业链；贵州农产品绿色、健康，市场前景广阔。第二，贵州有通过农村产业发展脱贫致富、实现经济腾飞的现实需要。贵州大多数农村整体贫困，乡土情结和小农经济的生活生产方式根深蒂固。至 2020 年 12 月，已实现全省 187.7 万规划搬迁人口全部搬迁，实现全部稳定脱贫。脱贫压力巨大，巩固脱贫成果任务繁重，只有改变人们的思维意识、传统的农业经营方式，以产业适应市场，才能改变贫困的历史。第三，贵州的基础设施建设和科技注入为农村产业发展提供了强力支撑。贵州大数据和大数据应用推动线上平台发展势头迅猛，农村道路交通、城市隧道建设将天堑变通途，打通了农村与城市的交通壁垒，线上平台与线下交通互为支撑，让"黔货出山"成为现实。

3. 贵州农村产业发展的系统思维

"八要素"是贵州农村产业发展的系统思维，"八要素"解决了长期以来产业资源配置的效率问题，各要素之间相互作用、相互配合，是推动农村产业发展进程的重要法宝、系统思维。"八要素"具体是指：要素一产业选择。贵在因地制宜、凸显特色。"因地制宜"就是真正把自身比较优势发挥好；"凸显特色"就是人无我有、人有我优、人优我特、人特我精，并且有质量、有规模、有品牌，提高生产力水平，降低劳动成本，增强市场竞争力。要素二培训农民。贵在贴近生产、实在管用。"贴近生产"就是要办好新时代农民讲习所，开展有针对性的实用技术和实用技能培训，解决好种不好、养不好、卖不好的问题；"实在管用"就是要突出提高农民综合素质这个重点，从思想上拔穷根，消除精神贫困，激发群众脱贫致富内生动力。要素三技术服务。贵在专业科学、全程全面。"专业科学"就是要围绕特色优势产业的重点环节，构建"产、学、研、用"联合协作机制，实现问题就地攻关、技术就地集成、成果就地转化；"全程全面"就是必须加强科技兴农、智慧兴农，把技术服务与技能培训结合起来，为群众提供育种育苗、田间管理、疫病防治等全过程技术服务。要素四资金筹措。贵在多元投入、规范高效。"多元投入"就是要创新财政支农方式、拓展金融资金渠道、带动城市工商资本反哺农业、反哺农村；"规范高效"就是要用好脱贫攻坚产业基金，优化资金拨付流程，简化审批程序，切实做到组织申报快、审批放款快、落地见效快。要素五组织方式。贵在优势互补、带动农民。"优势互补"就是要发挥各类基层组织的作用，优化资源配置，凝聚各方力量，激发产业革命的持久动力；"带动农民"就是要坚持"强龙头、创品牌、带农户"的思路，明确贫困户、农户在绿色优质农产品产业链、利益链中的位置，保障农民利益。要素六产销对接。贵在未雨绸缪、无缝衔接。"未雨绸缪"就是要充分发挥贵州的生态、气候、环保优势，在品种、生产、流通、加工、管理等产业链的各个环节努力降低成本、提高品质；"无缝衔接"就是要建立完善产销对接机制，开展农超对接、农校对接、农社对接。要素七利益联结。贵在机制合理、惠农增收。"机制合理"就是通过科学的制度设计和模式设定，使农户特别是贫困户成为最大、最终、最广泛的受益者；"惠农增收"就是要拓展农民转移就业渠道，增加农民工资性、经营性收入。要素八基层党建。贵在发挥作用、提升组织力。"发挥作用"就是要充分发挥党员先锋模范作用，为打好振兴农村经济的产业革命提供坚强保证和有力支撑；"提升组织力"就是要突出政治功能，让基层党组织成为产业革命的"指挥所"和"先锋队"，不断强化党组织的凝聚力和号召力。

　　"八要素"强调了在进行农村产业发展过程中要注意的具体事项，强调了所涉及的人、事、物及关联细节，是系统思维的科学方法，为贵州推进农村产业发展提供了技术路线。选择效益高且带动力强的产业、培训有生产理念和技术的农民、提供严格的技术标准、多方位的资金筹措、"龙头企业+合作社+农户"的组织模式、集配中心与冷链物流配套的产销对接、多种形式的利益联结、堡垒作用的基层党建，这八个环节紧密相连，细化了产业革命实施的具体内容。作为全国唯一没有平原的省份，道路不便阻碍了贵州的发展，使得贵州在先天环境上受到制约。贵州省委省政府对此因地制宜，合理制定政策文件。贵州在深入推进农村产业发展中，通过贯彻落实"八要素"，推动农业生产方式发生历史性变革，农村经济全方位振兴赢得新突破，农村产业发展取得阶段性显著成果，初步构筑出符合贵州实际的农业高质量发展新框架。

4. 贵州农村产业发展的工作指引

"五步工作法"是"八要素"具体实施的工作步骤指引，强调领导干部在具体落实工作中的权力和职责。具体而言，第一步政策设计，指以中央和国家政策为指导，结合实际工作拟定工作思路、目标任务和具体措施。各级党组织要坚持问题导向，大兴调查研究之风，加强统筹谋划，深入研究，制定切实可行的工作落实方案，拿出切实管用的措施，合力推进工作的落实。第二步工作部署，指拟定工作思路后，将工作进行部署安排，顶层设计细化后分到各个部门，部门要明确职责和任务。全面推行清单式、项目化、精准化管理，各级党委领导班子成员要亲自挂帅，推动工作的落实。第三步干部培训，指对干部进行理论、实践操作培训，不走过场，落实执行，实实在在为民服务。每年要组织对乡镇干部、村"两委"、第一书记、驻村工作队员进行两次以上培训，帮助提升政策水平、理论素养、政治素养和专业能力。第四步监督检查，指政策执行不仅靠干部自觉，更要通过制度规范，让便民政策落地。各地要健全考核评估、督查督导、示范引领等机制。把抓党建、促脱贫攻坚纳入各级党政领导班子考核评价内容。第五步追责问责，指通过检查看政策是否执行，执行过程中是否由于某些人个人因素产生矛盾，从而定责、追责及问责。各地要健全责任体系，认真落实责任制，严格责任追究，建立责任倒查机制，以问责倒逼责任落实。切实加强对基层干部的关心关爱和激励保障，对表现优秀的干部要格外关注，条件成熟的要优先提拔使用。

（三）乡村振兴战略

2017 年 10 月 18 日，习近平总书记在中国共产党第十九次全国代表大会上的书稿第五部分"贯彻新发展理念，建设现代化经济体系"中提出实施乡村振兴战略，并指出农业农村农民问题是关系国计民生的根本性问题，必须始终把解决好"三农"问题作为全党工作的重中之重。要坚持农业农村优先发展，按照产业兴旺、生态宜居、乡风文明、治理有效、生活富裕的总要求，建立健全城乡融合发展体制机制和政策体系，加快推进农业农村现代化。巩固和完善农村基本经营制度，深化农村土地制度改革，完善承包地"三权"分置制度。保持土地承包关系稳定并长久不变，第二轮土地承包到期后再延长三十年。深化农村集体产权制度改革，保障农民财产权益，壮大集体经济。确保国家粮食安全，把中国人的饭碗牢牢端在自己手中。构建现代农业产业体系、生产体系、经营体系，完善农业支持保护制度，发展多种形式适度规模经营，培育新型农业经营主体，健全农业社会化服务体系，实现小农户和现代农业发展有机衔接。促进农村一二三产业融合发展，支持和鼓励农民就业创业，拓宽增收渠道。加强农村基层基础工作，健全自治、法治、德治相结合的乡村治理体系。培养造就一支懂农业、爱农村、爱农民的"三农"工作队伍。2018年1月2日，中共中央、国务院发布2018年中央一号文件《中共中央国务院关于实施乡村振兴战略的意见》。

中共中央、国务院连续发布中央一号文件，对新发展阶段优先发展农业农村、全面推进乡村振兴作出总体部署，为做好当前和今后一个时期的"三农"工作指明了方向。2018年3月5日，国务院总理李克强在《政府工作书稿》中讲到，大力实施乡村振兴战略。2018年5月31日，中共中央政治局召开会议，审议《国家乡村振兴战略规划（2018—2022年）》。2018年9月，中共中央、国务院印发《乡村振兴战略规划（2018—2022年）》，并发出通知，要求各地区各部门结合实际认真贯彻落实。2021年2月21日，《中共中央、国务院关于全面推进乡村振兴 加快农业农村现代化的意见》，即中央一号文件发布，这是21世纪以来第18个指导"三农"工作的中央一号文件；2月25日，国务院直属机构国家乡村振兴局正式挂牌。2021年3月，中共中央、国务院发布了《关于实现巩固拓展脱贫攻坚成果同乡村振兴有效衔接的意见》，提出接续推动脱贫地区发展和乡村全面振兴的重点工作。2021年4月29日，十三届全国人大常委会第二十八次会议表决通过《中华人民共和国乡村振兴促进法》（简称《乡村振兴促进法》）。中国第一部直接以"乡村振兴"命名的法律《乡村振兴促进法》于 2021 年 6 月 1 日正式施行，从此，我国促进乡村振兴有法可依。2022 年全国"两会"调查结果出炉，"乡村振兴"关注度位居第八位。2021 年 7 月 26 日，最高人民法院发布《最高人民法院关于为全面推进乡村振兴加快农业农村现代化提供司法服务和保障的意见》。2021 年 8 月，国家税务总局印发《关于在巩固脱贫攻坚成果同乡村振兴有效衔接中积极贡献税务力量的通知》。2021 年 8 月 27 日，中央农村工作领导小组办公室和国家乡村振兴局发布《关于公布国家乡村振兴重点帮扶县名单的通知》，公布国家乡村振兴重点帮扶县名单（160 个）。2022 年 1 月 4 日，《中共中央、国务院关于做好 2022 年全面推进乡村振兴重点工作的意见》。党中央认为，从容应对百年变局和世纪疫情，推动经济社会平稳健康发展，必须着眼国家重大战略需要，稳住农业基本盘、做好"三农"工作，确保农业稳产增产、农民稳步增收、农村稳定安宁。

其中，《乡村振兴战略规划（2018—2022 年）》（简称《规划》）以习近平总书记关于"三农"工作的重要论述为指导，按照产业兴旺、生态宜居、乡风文明、治理有效、生活富裕的总要求，对实施乡村振兴战略作出阶段性谋划，分别明确至 2020 年全面建成小康社会和 2022 年召开党的"二十大"时的目标任务，细化实化工作重点和政策措施，部署重大工程、重大计划、重大行动，确保乡村振兴战略落地生效。《规划》提出，到 2020 年，乡村振兴的制度框架和政策体系基本形成，各地区各部门乡村振兴的思路举措得以确立，全面建成小康社会的目标如期实现。到 2022 年，乡村振兴的制度框架和政策体系初步健全。探索形成一批各具特色的乡村振兴模式和经验，乡村振兴取得阶段性成果。到 2035 年，乡村振兴取得决定性进展，农业农村现代化基本实现。到 2050 年，乡村全面振兴，农业强、农村美、农民富全面实现。

乡村振兴战略实施的目的是坚持农业农村优先发展，按照产业兴旺、生态宜居、乡风文明、治理有效、生活富裕的总要求，建立健全城乡融合发展体制机制和政策体系，统筹推进农村经济建设、政治建设、文化建设、社会建设、生态文明建设和党的建设，加快推进乡村治理体系和治理能力现代化，加快推进农业农村现代化，走中国特色社会主义乡村振兴道路，让农业成为有奔头的产业，让农民成为有吸引力的职业，让农村成为安居乐业的美丽家园。

二、典型理论借鉴

增长极理论、一村一品理论、产业集群理论、区域比较优势理论对贵州农村产业发展和乡村振兴战略的实践有重要指导价值。

（一）增长极理论

增长极理论是由法国经济学家佩鲁在 1950 年首次提出，该理论被认为是西方区域经济学中经济区域观念的基石，是不平衡发展论的依据之一。增长极理论认为：一个国家要实现平衡发展只是一种理想，在现实中是不可能的，经济增长通常是从一个或数个"增长中心"逐渐向其他部门或地区传导。因此，应把少数区位条件好的地区和少数条件好的产业培育成经济增长极。增长极理论有三个重要概念：区位经济、规模经济、外部经济。区位经济是由于从事某项经济活动的若干企业或联系紧密的某几项经济活动集中于同一区位而产生的。例如，某一专业化生产的多个生产部门集中在某一区域，可以共同培养与利用当地熟练的劳动力，加强企业之间的技术交流和共同承担新产品开发的投资，可以形成较大的原材料等外购物资的市场需求和所生产产品的市场供给，从而使经济活动活跃，形成良性循环。区位经济的实质是通过地理位置的靠近而获得综合经济效益。规模经济是由于经济活动范围的增大而获得内部的节约，如可以提高分工程度、降低管理成本、减少分摊广告费和非生产性支出的份额，使边际成本降低，从而获得劳动生产率的提高。外部经济效果是增长极形成的重要原因，也是其重要结果。经济活动在某一区域内的集聚往往使一些厂商可以不花成本或少花成本获得某些产品和劳务，从而获得整体收益的增加。现代区域经济研究中，增长极理论被广泛用作为区域发展的指导理论，对增长极的具体解释产生了众多差异。有人认为增长极是推进型产业及其相关产业的空间集聚；也有人认为增长极是一个带动周围区域经济增长的城市中心，并且这个增长中的城市中心，其特点是在一个时期内比区域内其他地区有更高的就业增长率，能通过扩散效应带动周围腹地增长的相关产业的空间集聚等。综合起来，区域经济中的增长极可定义为：由推进型产业及其相关产业的空间集聚而形成的经济中心，它具有较强的创新和增长能力，并能通过扩散效应以自身的发展带动其他产业和周围腹地的发展。区域增长极具有以下特点：在产业发展上，增长极通过与周围地区的空间关系而成为区域发展的组织核心；在空间上，增长极通过与周围地区的空间关系而成为支配经济活动空间分布与组合的重心；在物质形态上，增长极就是区域的中心城市。由于区域规模不一，增长极的规模也有等级之分，极化空间与城市中心的等级概念有相应的关系：一个极化区是一个异质空间，其中不同的组成部分相互依赖，相互补充，他们与区内占支配地位的城市中心或增长极所进行的商品和服务贸易超过与周边区域的贸易。

增长极理论提出后，被许多国家用来解决不同的区域发展和规划问题。20世纪70年代以后，增长极理论曾广泛应用于不发达经济和不发达地域经济发展，成为指导经济发展的重要工具，许多国家试图运用这一理论消除落后地区的贫困，促进各地区经济协调发展。在一些发达国家和不发达地区也曾收到一定的效果，其中取得较大成功的国家有巴西和马来西亚。

（二）一村一品理论

日本大分县知事平松守彦在1979年提出"一村一品"经济理论。"一村一品"是指在一定区域范围内，以村为基本单位，按照国内外市场需求，充分发挥本地资源优势，通过大力推进规模化、标准化、品牌化和市场化建设，使一个村（或几个村）拥有一个（或几个）市场潜力大、区域特色明显、附加值高的主导产品和产业。"五里不同风，十里不同俗。"农产品生产具有很强的特殊性。不同的地方，不同的条件，改革的基础、发展的水平都不尽相同，各地树起的"一品"也应该是不同的。应该是当地自然规律、经济规律和社会规律共同作用的结果。各地大多有自己的比较优势，要把"优势"变为"特色"，变成品牌，这需要认清自身的优势，明确自己的产业定位，把比较优势转变为产业优势，把产业优势转变为经济优势。如果刻意追求"一村一品"，一村不能共存"几品"，几村也不能共存"一品",则是对"一村一品"内涵的最大误读。"一村一品"是一个形象说法,它并非要求一个村只限于生产一个产品,所谓的"村"也是一个区域概念,也可以是一个乡镇。"一村一品"强调的是一个村至少要开发一种具有本地特色、打上本地烙印的产品,并围绕主导产品的开发生产,形成特色突出的主导产业。"一村一品"是贫困地区开展扶贫开发、帮助农民脱贫致富的重要途径。各地要坚持用新的发展理念引领贫困地区"一村一品"发展,转变发展方式,带动贫困户脱贫致富;牢固树立市场引领的理念,坚持做好特色产业;牢固树立创新发展的理念,助力贫困地区实现弯道超车;牢固树立绿色发展的理念,把绿水青山转化为金山银山。

(三)产业集群理论

20世纪80年代,美国哈佛商学院的竞争战略和国际竞争领域研究权威学者麦克尔·波特创立的产业集群理论是西方经济理论。其含义是:在一个特定区域的一个特别领域,集聚着一组相互关联的公司、供应商、关联产业和专门化的制度和协会,通过这种区域集聚形成有效的市场竞争,构建出专业化生产要素优化集聚洼地,使企业共享区域公共设施、市场环境和外部经济,降低信息交流和物流成本,形成区域集聚效应、规模效应、外部效应和区域竞争力。产业集群作为一种组织形式,其发展与产业结构调整、技术创新以及国家和地方经济发展关系十分密切。产业集群理论,从一个全新的视角——竞争力的角度来看待和分析产业集群现象。产业集群在竞争日趋复杂、知识导向和动态的经济体中,其角色也愈来愈重要。波特提出了由四种关键要素所形成的"钻石体系"理论,从竞争力角度对集群的现象进行分析和研究,结果显示集群不仅降低交易成本、提高效率,而且改进了激励方式,创造出信息、专业化制度、名声等集体财富。更重要的是集群能够改善创新的条件,加速生产率的增长,也更有利于新企业的形成。虽然集群区内企业的惨烈竞争暂时降低了利润,但相对于其他地区的企业却建立起竞争优势。台湾学者注重运用社会关系网络理论解释台湾中小企业集群的形成与发展。他们认为长期以来,中小企业之间紧密的产业集群关系是台湾经济得以蓬勃发展的重要基础。这种集群关

农村产业发展赋能乡村振兴的贵州实践

系是建立在群内企业之间彼此承诺与信任关系之上的，而这种承诺与信任则需要依靠企业主之间的社会关系来建立，因此企业主之间的社会关系是维持集群区内企业安定的主要力量。由同家庭、同民族、同乡、同学、同事等所形成的关系在无形中规范并维持了集群区内的运作次序。内地学者对于企业集群的研究主要集中在经济发达的江浙与广东一带，特别是在江浙地区。由于中小企业集群在江浙的迅速发展，江浙的学者们对这个问题从区域经济、产权制度、制度变迁等方面进行了一些探讨，也得出了相关的结论。广东学者则更着重于从企业网络或者企业家网络的角度来研究企业集群，同时也强调企业家的创新精神在集群发展中的重要作用。北京大学王缉慈把企业集群看成是适合创新的空间，并将其中缘由归结为地理邻近和社会根植两组效应。

由上可见，产业集群的研究主要集中在产业集群的机理、技术创新、组织创新、社会资本以及经济增长与产业集群的关系研究、基于产业集群的产业政策和实证研究方面。归纳起来，产业集群存在和发展主要有以下三方面的依据：一是外部经济效应。集群区域内企业数量众多，从单个企业来看，规模也许不大，但集群区内的企业彼此实行高度的分工协作，生产效率极高，产品不断出口到区域外的市场，从而使整个产业集群获得一种外部规模经济。二是空间交易成本的节约。空间交易成本包括运输成本、信息成本、寻找成本以及和约的谈判成本与执行成本。产业集群区内企业地理邻近，容易建立信用机制和相互信赖关系，从而大大减少机会主义行为。集群区内企业之间保持着一种充满活力灵活性的非正式关系。在一个环境快速变化的动态环境里，这种产业集群现象相对垂直一体化安排和远距离的企业联盟安排，更加具有效率。三是学习与创新效应。产业集群是培育企业学习能力与创新能力的温床。企业彼此接近，激烈竞争的压力，不甘人后的自尊需要，当地高级顾客的需求，迫使企业不断进行技术创新和组织管理创新。一家企业的知识创新很容易外溢到集群区内的其他企业，这种创新的外部效应是产业集群获得竞争优势的一个重要原因。此外，产业集群也刺激了企业家才能的培育和新企业的不断诞生。

目前，贵州农村产业发展存在的问题之一是信息交流平台欠缺，缺乏有效沟通机制和整体布局，低水平重复劳动现象较多，亟须在产业集群理论的指导下整合资源，建立系统性、科学性的研究机制，利用集群的三个效应——外部经济效应、空间交易成本的节约效应、学习与创新效应，形成有效的"集群式"产业分布新局面。需要注意，产业集群的形成不是一朝一夕的事情，要经历至少十几年、几十年的时间，其间要经过残酷的市场竞争的优胜劣汰，持续创新能力的磨砺，不断适应挑剔市场的需求。若不顾产业集群客观发展规律，急功近利，势必适得其反，造成资源和信息的浪费，损害国家和地方的利益。这是对地方政府能力尤其是县级政府工作人员统筹协调规划能力与乡镇级政府工作人员协调引导执行能力的巨大挑战。推动和培育产业集群的形成和健康发展既需要政府的指导定位规划，又需要乡镇干部的执行和督促，更需要广大产业带头人和农村村民的积极参与配合。这是巨大的系统工程，也能切实为贵州的产业发展提供理论支撑，最终通过产业兴旺助力乡村振兴，实现产业兴、农村美、百姓富、社会安的美好乡村建设。

（四）区域比较优势理论

英国古典政治经济学家大卫·李嘉图在其代表作《政治经济学及赋税原理》中提出了比较成本贸易理论（后人称为"比较优势贸易理论"）。比较优势理论认为，国际贸易的基础是生产技术的相对差别（而非绝对差别），以及由此产生的相对成本的差别。每个国家都应根据"两利相权取其重，两弊相权取其轻"的原则，集中生产并出口其具有"比较优势"的产品，进口其具有"比较劣势"的产品。比较优势贸易理论在更普遍的基础上解释了贸易产生的基础和贸易利得，大大发展了绝对优势贸易理论。比较优势理论在中国的应用也引起了相应的争论。争论的焦点在于能否应用比较优势理论作为指导中国经济发展的战略思想。林毅夫等（1999）在批判赶超战略的基础上提出应依据比较优势制定发展战略。他们指出，赶超战略最终并没有带动发展中国家的经济持久快速增长，却使发展中国家经济付出惨重代价。赶超战略的失败主要因为这种战略是以牺牲经济整体进步为代价的少数产业的赶超，不足以支持资源结构的升级或总体经济实力的提高。赶超战略所扶持的产业部门，由于不符合资源禀赋的比较优势，只好完全依赖于扭曲价格和国家保护政策才得以生存。在赶超战略下，违背比较优势所形成的畸形产业结构与劳动力丰富的资源结构形成矛盾，使大规模的人口不能分享经济发展的好处而陷入贫困。他们认为，作为一种替代性选择，遵循比较优势是一种更有效的发展战略。这一战略就是使一个经济的产业和技术结构充分利用其资源禀赋的比较优势，从而使资源禀赋结构随之不断提高。

比较优势理论主要运用于国际贸易领域。由于其"两利相权取其重，两弊相权取其轻"的理论核心适用于很多领域，比较优势理论体系的学者们引入规模经济、产品差异等概念体系以及从专业化、技术差异、制度、博弈以及演化等不同角度完善和拓展了传统比较优势理论，丰富了其理论适用范围，后发展出区域比较优势理论。区域比较优势理论认为具有不同区位资源的民族地区乡村发展具有不同的优势，乡村可以利用其特有的资源禀赋最大程度地发挥资源优势，发展最适用于凸显本地特色的乡村产业，避免乡村产业同质化。这一理论从专业化和分工的角度拓展了对内生比较优势的分析。内生比较优势会随着分工水平的提高而提高。由于分工提高了每个区域的专业化水平，从而加速了区域资本的积累。这样，对于一个即使没有先天的或者说外生比较优势的区域，通过参与分工，提高专业化水平，也能获得内生比较优势。该理论分析了经济由自给自足向高水平分工演进的动态均衡过程，并阐释了斯密和扬格（Anyn Young）的思想——经济增长源于劳动分工的演进。在经济发展初期，由于专业化带来的收益流的贴现值低于由专业化引起交易成本增加所导致的现期效用的损失，因此初期收益很低；随着时间的推移，生产的熟能生巧效应将使专业化带来的收益逐渐增加，因此将会出现一个较高的专业化水平，内生比较优势随之不断增强。专业化和分工是产业发展的核心。自然选择会淘汰无效产业，并且能促进产生稳定的甚至是高效的产业运作模式。

这一理论非常适合贵州的农村产业发展。贵州多雨水、多山地，传统农业以玉米、中籼稻、油菜等为主，分片种植、不成规模。贵州的地理区位和资源禀赋明显不同于内陆其他省份，贵州的农村经济全面振兴必须依据地理区位和资源禀赋的特色确定发展适合本土的产业方向。事实上，贵州已经依据区域比较优势理论明确了十二个特色产业。只是在产业规模、产业分工和产业的专业化水平上还有很多需要探讨的地方。

三、国内外文献综述

（一）关于农村产业发展的研究进展

我国"两弹一星"元勋、系统工程创始人钱学森，晚年致力于中国未来大农业研究，并在 1983 年提出了第六次产业革命理论，即由现代生物技术推动大农业产业革命，建立技术密集型的农、林、草、海、沙五大产业。根据钱学森的预计，我们现在处于第六次产业革命的准备期，大约 2021 年（建党 100 周年）时正式启动建设，到 2049 年（建国 100 周年）时全面完成建设任务。届时，我国将消灭"三大差别"，实现城乡高度发展，城乡和谐，政治、经济、文化、社会与地理建设全面发展，社会主义优越性得到充分体现，社会主义制度得以巩固。截至 2023 年 12 月，国内发表了 47 篇关于第六次产业革命的文章，主要探讨钱学森关于第六次产业革命的预言和第六次产业革命在中国发起的可能性。

国内学者多从个案和经验层面介绍各地农村产业发展的不同模式以及城镇化建设中的农业发展问题。郭晋萍、曹斌（2023）指出村庄联合发展模式是提升村庄组织化的模式创新之一，应以共同富裕为目标，积极培育特色产业，强化党建引领，完善村域利益共享机制，从而激活集体经济内生发展能力。谢慧丽、王进（2023）认为新型城镇化、农村产业融合与农民共同富裕之间存在耦合关系，将三者耦合能够形成强大的发展合力，可增加农民收入、缩小城乡差距。徐凤琴（2023）以白柳镇的集体经济发展为个案，分析了农村集体经济发展面临的制约因素和挑战，探索如何积极依托乡村振兴战略促进农村集体经济发展的新模式，并提出了相应的建议。赵仁（2022）基于对千垛村产业发展的模式分析，认为要转变发展思路，强化产业融合，促进产业升级，助力乡村振兴。建立符合本地区实际的产业体系是实现农村产业发展的主要途径。龚锐（2022）通过耦合协调分析将中国农业高质量发展和新型城镇化的关系划分为三个阶段，利用面板向量自回归模型对二者之间的互动关系进行了实证检验，提出了要从筑牢产业支撑、强化空间协同、促进要素流动、优化制度设计等方面着手。朱再清、张莫幸子（2022）通过数据分析，厘清了农村产业融合发展影响新型城镇化的内在机制，指出要健全金融支撑农村产业融合发展的体系、强化人才支撑农村产业融合发展的能力、推动农村产业融合多元化发展和加强区域间产业协调发展。韩广富、叶光宇（2021）认为发挥乡村特色优势产业的价值，应从统筹协调多方关系、加大资金扶持力度和帮扶支持力度、营造良好发展氛围着手。陈云、朱莹莹（2021）认为乡村特色产业发展的根本目的是推动农业转型、引导农民致富，对此要增强农民主体性、推动乡村自主发展。易忠君、王振中（2021）通过对百色市杧果产业的调研分析，总结出民族地区特色产业发展需开展区域产业发展潜力测评，积极稳妥地发挥资本市场的积极作用，进一步深化体制机制改革，完善集体经济产权制度，积极发挥政府主导作用和市场在资源配置中的基础作用，不断提升产业现代化水平。蒋和平等（2020）认为针对我国农村产业发展面临的新问题，提出农村地区的我国农业产业新思路的三个重点：即构建新型农业生产体系，树立大农业观念，在全产业链、价值链谋求农业效益提升；构建新型农业供给体系，通过数量发展向质量发展的转变，推动农业供给侧结构性改革；构建新型农业经营体系，提升我国农业竞争力。刘芙蓉（2018）就乡村旅游对农业、手工业、第三产业、农村产业发展条件的影响进行了系统分析。还有学者从城乡统筹和城乡一体化的视角分析农村产业发展的意义和影响。国务院发展研究中心农村经济研究部（2017）深入论述和分析了我国构建具有竞争力导向农业政策体系的政策措施。刘昕（2007）将东南地区农村产业发展概括为苏南模式、珠江模式、温州模式3种。李培林（2002）从实证方面出发对中国农村的产业发展进行了对比与总结，研究内容涉及农民工就业、土地制度、粮食安全、新农村建设、农村管理、农业资源管理等多个方面。

农村产业发展也涉及农村一二三产业融合问题。农村一二三产业融合作为我国当前农村发展的关键手段之一，如何与网络信息技术相连接，怎样促进产业融合的长效作用机制，不断延长与完善农业产业链是研究热点。学者们对农村一二三产业融合的内涵、相关理论、发展机制与效应等方面进行了研究。杨莉（2023）认为发展农村"三产"融合既能提升农村经济、社会、文化、生态价值，也是推进农村现代化发展的有力举措。提出了推进本土品牌企业建设，挖掘农村特色资源，提升"三产"融合水平；构建"三产"融合利益联结机制；推进多元主体协同参与的新业态人才培养体系建设，实现全面的乡村振兴等建议。卢京宇、郭俊华（2023）基于理论逻辑、现实逻辑、实践逻辑的分析，提出在乡村振兴战略背景下，"三产"融合需要同构"五链"，即通过提升价值链、拓展功能链、延伸产业链、联动要素链、完善利益链推动农民农村共同富裕建设。张伊华、魏曙光（2022）通过对我国 2011—2020 年省级面板数据分析，实证检验了绿色金融、产业结构升级与农村"三产"融合之间的关系。提出了绿色金融对农村"三产"融合有显著的积极影响，并具有显著的空间溢出效应；产业结构高级化在绿色金融影响城乡收入差距的过程中起到了部分中介变量的作用。张西凤（2022）通过分析农村"三产"融合与乡村发展的内在逻辑关联，提出农村"三产"融合的发展路径，即推进"三产"稳步发展，促进农业现代化；打造品牌优势，提升农业价值；持续发挥龙头企业的牵引力。陈秀枝（2022）认为"三产"融合发展要重视规划引导、加快体制机制创新，加快培育新型经营主体、优化利益联结机制，强化生产要素支撑、提升产业融合质量。韩浩星（2022）通过对河南农村产业的调查研究，总结出要加快建设城乡融合体系、以供给侧结构性改革为主线、抓住数字经济机遇，拓宽产供销链条、完善农村产业结构，促进农村一二三产业融合发展。张艳红（2021）通过对湖南省实地调研得出，农村地区的产业融合要发展农村合作社、增强农民同农业经营主体进行合作的意识、优化融资环境。万志琼、邹华（2021）通过实践分析认为民族地区产业融合发展应该注重以下十点，政策引导、生态农业、旅游带动、多元化产业、培育品牌、完善利益共享机制、构建信息化服务平台、完善农村财税金融服务体系、培育新型职业农民、优化环境。张冬玲等（2021）认为农村产业融合、绿色城镇化与城乡均衡发展三者是耦合的；农村产业等发展需重构农业产业链、加强农业多功能性开发。周立等（2020）认为价值增值是促进一二三产业融合发展的关键，通过案例分析总结得出三条道路，注重发挥农业多功能性的"起始型—休闲型"横向路径，发展紧密纵向协作的"起始型—专业型"纵向路径，以及纵横兼顾的"起始型—理想型"路径。冯贺霞、王小林（2020）认为农村产业融合处于"接二连三"的阶段，未来的发展需要紧密与"互联网+""文化创意+"结合。肖婧文、冯梦黎（2020）认为农村产业融合与利益联结呈现序贯式的嬗变过程，利益联结与生产要素流动是推动产业融合演进的重要机制，分配性利益联结是推动农村产业深度融合的长效机制。张麦生、陈丹宇（2020）用"人—地—产业"的系统分析框架，指出利益追求、消费升级、两权分离、三权分置、技术创新、管制放松是驱动我国农村产业融合的主要因素。李明贤、刘宸璠（2019）认为以农民专业合作社为引领的农村一二三产业融合利益联结要从增强合作社实力、建立促进农民持续增收的保障机制、提升农民素质水平和加强互联网运用四个方面带动农民持续增收，并提出了相应的政策建议。刘国斌、陆健（2019）认为农业六次产业化就是农业和工业服务融合发展的过程。王博等（2019）通过案例探讨了产业融合的内生动力影响因素认为技术产品和业务政府和市场等要素对产业融合具有正向影响作用。刘国斌、李博（2019）认为农村"三产"融合发展是农业产业结构优化升级，对于推进农业现代化发展具有重要作用。赵趁（2019）认为城乡融合背景下，产业融合可以选择生态休闲农业、"互联网＋农业"、全产业链等发展模式。李晓龙、冉光和（2019）认为农村产业融合发展对城乡收入有着一定影响，即农村产业融合发展显著强化了农村经济增长和城镇化对缩小城乡收入差距的积极作用，证明了农村产业融合发展—农村经济增长（或城镇化）—城乡收入差距的传导机制。熊爱华、张涵（2019）认为农业一二三产业融合模式由农业经营主体沿产业链向前后延伸，农业经营主体拓展农业新功能，新型农业经营主体推广、应用先进技术。刘斐（2019）认为产业融合需要多渠道宣传、增加扶持与培训、精准施策。瑾晓婷、惠宁（2019）认为深化农村产业融合发展需因地制宜发展融合新业态，积极推进农村产权制度改革，加强农村农业基础设施和公共服务建设。陈学云、程长明（2018）认为农村"三产"融合有助于提升乡村经济。有学者对美、日、韩农业产业融合发展进行了研究。谭明交、向从武（2018）认为日、韩通过实施农业"六次产业化"，其农业经济得到了飞速发展，一定程度上实现了乡村振兴战略。日本政府采取措施：让农业保持自己的主体性，把第二产业和第三产业剥夺的附加值尽可能地内留在农业领域、内留在农村，促使传统生产性农业向现代综合性农业转变。韩国农业"六次产业化"将农村产业的生产、加工、销售一体化经营，并在实施农业"六次产业化"过程中创造出新的就业岗位和附加值，振兴地区农业和农村经济的发展。彭杰武（2012）认为美国农村工业化是城市工业向农村扩散的结果。政府在农村工业化过程中发挥了积极作用，促进了农村工业化的启动和不断发展，缩小了城乡差距。

农村产业发展同样涉及农村产业扶贫问题。学者们结合我国不同时期农村贫困的特点，着重探讨贫困线以下人口的致贫原因，还着重分析收入分配不公和能力缺乏对贫困的根本性影响，从不同的角度提出了农村减贫思路或策略。朱琦梅、杨佳怡、庄越（2023）认为要深化对产业扶贫和乡村振兴衔接的认识、落实资产管理责任、推进一二三产业融合发展，构建乡村产业结构体系、优化人才培育与引进机制、健全农村金融服务体系，推动乡村产业的转型升级与提质增效，为乡村振兴注入不竭动力。曾丽军、万俊毅（2023）通过对 1949—2020 年我国产业扶贫政策经历的五个阶段进行分析，认为当前我国进入新发展阶段，推动乡村产业振兴需要强化党建引领作用，提升政策包容性和精准性，适度扩大受益群体，增强要素赋能效应，优化产业链主体能力和产业带动机制。唐红涛、谢婷（2022）认为随着数字经济不断向农村产业渗透，通过加快农村产业与数字经济融合发展，可促使农村产业实现可持续性发展，进而巩固拓展产业扶贫与产业振兴的有效衔接。涂龄颖（2022）认为有效的产业扶贫不但能够推动农村经济创新持续发展，而且能够缩小农村的贫富差距，促进和谐农村的发展。姜茜（2022）认为产业扶贫是最直接、最有效的办法，也是增强贫困地区造血功能、帮助群众就地就业的长远之计。李晓燕（2021）认为产业扶贫存在着非均衡协同治理阶段与均衡协同治理阶段，产业扶贫中的均衡协同治理包含政企协同、政社协同和企社协同三个维度，党委政府的引领、重视县级政府、吸纳市场和社会、动员市场和社会资源是产业扶贫的实施关键。顾宁、刘洋（2021）认为，以往研究证明脆弱性是农户脱贫的关键保障，整体产业扶贫可以显著降低贫困脆弱性，种植业和养殖业对贫困脆弱性有着较好改善。刘明月等（2021）通过对以往数据与资料提炼出以政府为核心的"党支部+合作社+农户"模式、以市场为核心的"产业基金+龙头企业+贫困地区资源+农户"模式和以社会力量为核心的"社会组织+政府+合作社+农户"模式。黄娟娟、孙计领（2020）认为要实现产业扶贫对贫困户收入的增加，应该关注两点：第一确立好产业扶贫与产业发展的关系，第二根据地区资源禀赋条件和市场容销量，选择适宜的特色产业进行扶持。姜庆志、胡炎平（2020）通过对42地区的"政府-市场-社会"调研分析认为，自然资源禀赋、间接型政策支持、市场环境和利益分配秩序是必要条件；产业扶贫呈现出五种典型的发展模式，包括间接政策支持的外部市场主体带动模式、单纯的外部市场主体带动模式、全方位政策支持的内部经济组织带动模式、间接政策支持的外部市场主体和内部经济组织带动模式、直接政策支持下市场导向的内部经济组织带动模式。刘明月、汪三贵（2020）认为应处理好市场与政府的关系，克服产业同质化、短期化，积极推动产业扶贫与产业兴旺的衔接。陈嘉祥（2020）认为乡镇层面合作社数量越多、农产品加工业营业收入越多，越能从整体上带动本地区和邻近地区底层贫弱农户减贫增收。李东慧、乔陆印（2019）认为贫困地区应将国家财政投资集中用于乡村公共物品供给方面，地方政府则围绕特色产业发展提供制度性供给，以此推动产业发展。庞庆明、周方（2019）认为产业扶贫的内在矛盾，即贫困户对彻底脱贫的美好愿望与产业资本追求利润最大化之间的矛盾。应当从法律法规制定、要素定向配置和扶贫组织建设等方面不断加强产业扶贫的法律保障、要素保障和组织保障力度。陈文胜（2019）认为小农户是贫困乡村农业发展的最大现实，推进农村市场化程度、加强小农户的社会化服务、实行品牌化战略是乡村振兴与产业扶贫最好的连接点。王军、曹斌（2019）合作社作为产业扶贫的有效载体，政府通过财政资金的量化入户、撬动资本、项目投入的方式支持合作社的发展。

（二）关于乡村振兴战略的研究进展

乡村振兴战略是中国特色社会主义新时代进程中农村农业发展的战略统领。党的"二十大"以来，乡村振兴战略研究文献数量迅速增长，研究内容相对集中，研究方法以定性为主，研究热点密集聚团。主要涉及乡村振兴战略的研究框架、实现路径、农业产业集群、农业科技创新、乡村治理、农村新能源利用、农村土地利用、农村规模化经营、新型农业经营主体、农业保险需求与供给等方面的研究。胡珂、王程（2023）认为随着时代的发展变迁，土地数字化治理是中国乡村全面振兴战略推动过程中的核心内容，因此在全面推进乡村振兴过程中要运用数字化技术治理农村土地，同时要考虑多方面的问题，例如资本的良性驱动、科学高效的管理方式和精准有效的保护模式等。刘书博（2023）认为乡风文明建设是乡村振兴战略中的重要一环，无论在精神层面还是实践层面，都能为助推乡村振兴全面助力；而基层党组织是推行乡村振兴战略的执行者之一，加强基层党建对乡风文明建设的引领作用，对乡风文明建设有着积极的影响，对助推乡村振兴战略具有重要意义。赵晓乐、陈婷（2023）认为产业振兴是乡村振兴的基础所在，能够有力推动农业产业化，并且提出组织模式关乎各农业经营主体利益，阐释了"龙头企业 + 家庭农场""自办型企业 + 自办型合作社 + 农户""股份合作制企业 + 农场"与"自办型企业 + 农场""农业产业化联合体"五种新兴农业产业化组织模式及其运行机制对于避免由于组织模式不合理而导致产业发展受到约束的重要作用。王红（2022）通过对当前农业产业化发展和农村金融建设面临的实际困境进行研究，认为金融手段对于促进农业产业化发展和为农村经济的提高和乡村振兴战略的有效实施提供了新的发展方向。从国家角度来说应为金融发展提供法律和政策支持，以构建现代化农业经营体系。孙沛（2022）认为农村"三产"融合是产业兴旺的主要抓手和途径，是有效落实乡村振兴战略的必由之路。从完善农村"三产"融合的利益联结机制、深入开发农业多功能性、加强农村基础设施建设、政府部门加大政策支持力度 4 个方面提出了促进农村"三产"融合的发展对策。尹振涛等认为（2021）金融科技发展既能巩固脱贫成果、推进乡村振兴，又能提升农村家庭幸福感，为继续在乡村振兴中发挥金融科技的作用应该着重提升科技化与服务差异化，满足农村家庭的需求。佘茂艳、王元地（2021）认为经济对外开放度高、城镇化水平高、产业政策导向好、基础设施建设好和受高等教育的人口比例高能够显著促进科技创新与乡村振兴的耦合协调发展。李怀（2021）认为农村集体土地产权整合激活了乡村内生活力，促进了农村集体经济发展。王志辉等（2021）认为产业集群高质量发展具有高的整体性、高的协同性、高的包容性和高的开放性；并对产业集群高质量发展提出了鼓励创新驱动、治理开放共享、支持协同合作、完善商业生态的建议。乡村治理作为中国"三农"工作的重心，完善的治理体系对乡村地区的政治、经济、文化、社会和生态环境的发展与建设都有着极大的促进作用。胡惠林（2021）认为乡村文明建设可以借鉴城市文明发展成果，并在融合与发展中改造与重塑乡村文化治理的微循环体系，建设新发展格局下的中国乡村文化治理双循环文明体系。杜志雄、王瑜（2021）认为推进乡村治理体系的完善与脱贫后的减贫治理衔接还将是国家治理现代化的重要内容；同时在"十四五"时期激发乡村内源性治理资源，创新治理模式，利用信息化技术消除信息不对称引发的治理资源消耗。孙玉娟、孙浩然（2021）认为乡村治理实践创新的核心价值在于构建乡村治理共同体，发挥基层党组织的引领作用、县乡政府积极发挥作用、厘清主体的行为边界、注重乡村社会组织的培育与作用的发挥、农民发挥自治基础作用。魏璐瑶等（2021）认为乡村公共空间治理要完善乡村空间规划体系、推进乡村治理体系现代化，必须激活关键要素转型、明确权属主体职责和夯实制度保障体系。王国民、何琼莉（2021）认为脱贫成果的巩固与乡村振兴的有效衔接，可以通过"党—政府—市场—社会—农民"维度，实现主体衔接；基于"产业—人才—文化—生态—组织"维度，实现内容衔接；基于"规划—政策—机制"维度，实现工具衔接。王检萍等（2021）认为使有限的农用地资源投入获得最大的"三生"产出是乡村振兴的根本目的，分析发现因素比自然因素更大程度地影响农地利用效率。王晓莺、宁爱凤（2021）认为培育新型农业经营主体，发展新型农业经营方式，合理进行设施用地类划分，以促进新型农业发展、保护耕地资源。崔锐（2021）认为提升农业科技创新能力的关键在于增强农业科技创新的协同性。这需要从宏观层面强化顶层设计、完善农业科技协同创新的政策体系；从中观层面整合创新资源，加强农业科技协同创新的信息化建设；从微观层面优化协同机制，强化农业科技协同创新的机制建设。李二玲（2020）通过对"寿光模式"分析，认为农业产业集群的形成首先是从农业产业集聚开始，并沿着专业村（镇）—产业集群—乡村创新型方向演化；集群发展所带来的产业富民、农民转型、城乡一体、农业农村现代化、生态文明建设等效果恰好满足了乡村振兴的各方面要求，能够有力助推乡村振兴建设。张元洁、田云钢（2020）认为马克思的产业理论是一个有机整体，揭示了产业发展的客观规律，为乡村产业振兴提供理论指导和基本遵循。乡村产业振兴需要发挥政府和市场的作用，在农村建立适应生态产业发展的新型生产方式，实现人与自然、工农城乡的协调发展。贺卫华（2020）认为乡村振兴战略为发展新型农村集体经济带来的重大机遇，应通过强化党建引领、加大政策扶持、做好规划引导、提升集体意识，因村制宜选择发展模式，发展壮大新型农村集体经济，以期为乡村振兴战略实施提供物质保障和组织保证。林永兴等（2020）认为我国乡村振兴还存在着公共服务、基础设施、组织建设、体制机制四大短板，为此现代化的乡村治理体系、法治与服务型政府需迅速建立，中央适当放权政府、社会、市场三个主体应协同作用。李二玲等（2019）从产业集群发展模式中总结得出乡村振兴的五种模式，即农区产业集聚模式、专业村模式、产业集群模式、创新型模式、精明专业化模式。覃志威（2018）认为我国农业科技存在着创新体制与管理机制障碍、资金不足与使用效率不高、人才短缺与整体素质不高、知识产权保护亟待加强；因而应深化制度改革、加大投入力度、坚持人才优先、强化知识产权保护。

（三）关于农村产业发展赋能乡村振兴战略的研究进展

目前关于农村产业发展赋能乡村振兴战略的研究主要体现在相关的重要文件中。党的"二十大"报告指出，要全面推进乡村振兴，坚持农业农村优先发展，巩固拓展脱贫攻坚成果，加快建设农业强国，扎实推动乡村产业、人才、文化、生态、组织振兴，全方位夯实粮食安全根基，牢牢守住18亿亩耕地红线，确保中国人的饭碗牢牢端在自己手中。要促进区域协调发展，深入实施区域协调发展战略、区域重大战略、主体功能区战略、新型城镇化战略，优化重大生产力布局，构建优势互补、高质量发展的区域经济布局和国土空间体系。2015年12月30日，国务院办公厅发布《国务院办公厅关于推进农村一二三产业融合发展的指导意见》；2016年5月26日，农业农村部等九部门联合印发《贫困地区发展特色产业 促进精准脱贫指导意见》；2017年11月28日，《人民日报》在头版头条发表重要新闻《习近平近日作出重要指示强调，坚持不懈推进"厕所革命"，努力补齐影响群众生活品质短板》；2018年1月2日，中共中央、国务院发布

《中共中央国务院关于实施乡村振兴战略的意见》；2018 年初，贵州省委农村工作会议上，"来一场振兴农村经济的深刻产业革命"作为一项主要领导亲自抓的重大战略，在贵州省引发了一场思想观念、发展方式和工作作风的大转变。2018 年 8 月，中共中央、国务院《关于打赢脱贫攻坚战三年行动的指导意见》，强调加强产业扶贫力度。2019 年 6 月，国务院办公厅印发《关于促进乡村产业振兴的指导意见》，指出要大力发展农村产业。农业农村部于 2020 年 7 月 9 日印发《全国乡村产业发展规划（2020—2025 年)》，指出产业兴旺是乡村振兴战略的重点，是解决农村一切问题的前提。2020 年 12 月 28 日，习近平总书记在中央农村工作会议上指出："从世界百年未有之大变局看，稳住农业基本盘、守好'三农'基础是应变局、开新局的'压舱石'。在向第二个百年奋斗目标迈进的历史关口，在脱贫攻坚目标任务已经完成的形势下，巩固拓展脱贫攻坚成果，全面推进乡村振兴战略，加快农业农村现代化，是需要全党高度重视的一个关系大局的重大问题。"2021 年 2 月 21 日中央一号文件正式发布，提出全面推进乡村振兴战略，加快农村农业现代化。2021 年 11 月 17 日，农业农村部为顺应全面推进乡村振兴新要求，拓展农业多种功能，促进乡村产业高质量发展，发布《农业农村部关于拓展农业多种功能 促进乡村产业高质量发展的指导意见》。2023 年 2 月 3 日，农业农村部发布《农业农村部关于落实党中央国务院 2023 年全面推进乡村振兴重点工作部署的实施意见》。2023 年 2 月 13 日，21 世纪以来第 20 个指导"三农"工作的中央一号文件《中共中央、国务院关于做好 2023 年全面推进乡村振兴重点工作的意见》由新华社受权发布，凸显了新时代党中央对农村农业工作的高度重视。2023 年 11 月 29 日，自然资源部办公厅印发《乡村振兴用地政策指南（2023 年)》，通过优化国土空间格局、强化用途管制、积极盘活存量等系列举措，切实提升自然资源领域服务保障乡村振兴用地的能力，提高基层用地管理水平，更好地服务地方经济发展。

"产业兴旺是乡村振兴战略的重点，是解决农村一切问题的前提。"这是《全国乡村产业发展规划（2020—2025 年)》对农村产业发展和乡村振兴战略之间关系的重要阐述。虽然关于农村产业发展赋能乡村振兴战略的路径研究目前在中国知网上仍然搜索不到，但关于这一议题中的核心内容农村产业和乡村振兴的研究颇多，文献梳理如前两部分所述。正是以上颇多的研究基础、党和政府发布的重要文件以及贵州省委省政府对贵州农村产业发展的具体政策落实，促使贵州农村产业发展在赋能乡村振兴的道路上不断开拓创新。

（四）国外关于农村产业发展与乡村振兴战略的研究进展

当前，国外学者关于乡村振兴或与乡村振兴相关的乡村复兴、乡村建设、乡村再造、乡村发展的研究颇丰。学者们分别从不同角度对乡村振兴进行了深入的研究与探讨，主要分为以下几个方面。

第一，基于要素研究探寻乡村发展的实施路径研究。美国学者 Gladwin C·H. 等深入研究乡村企业家如何促进乡村经济的发展，认为农民具备创业精神是发展农村的一个重要因素，强调在转移农业剩余劳动力时，要特别注意保持农民的创业精神，贯彻落实促进农民创业、组建农民小组、推进农村经济体制改革、通过农民创业带动农村经济新前景的政策；[①] Johnson T·G. 认为农村金融是振兴乡村的又一个关键因素，指出农村金融是实现农业农村两个现代化的推动力量，强调从乡村振兴战略的全局和任务出发，创新、强化、壮大农村金融，充分发挥农村金融对乡村振兴不可或缺的重要作用；[②] Korsching P. 基于对美国和加拿大两国的乡镇社区发展联盟的深入考察和分析，指出多个社区的合作发展在乡村振兴进程中起着不容忽视的作用，强调要以优势互补、共促发展为原则，推进"多社联动"，从而不断激活乡村振兴的内生动力。[③]

第二，对乡村主体方面的研究。Greene M·J. 提出在乡村振兴中政府的主体作用，他深入分析了农业多元化发展倡议，指出政府在乡村振兴中有着不可替代的主体作用，强调政府要发挥其有为作用，而非无限作用，

① GLADWIN C H,LONG B F,BABB E M,et al. Rual:entrepreneuship One key to rural revtalization[J]. American Jounal of Aeri-cultural Economics,1989,71(5):1305-1314.

② JOHNSON T G. Etrepreneurship and development finance:Keys to rural revitalization[J]. American Jouunal of Agricultural Eco-nomics,1989,71(5):1324-1326.

③ KORSCHING P. Multicomnity collaboration:An evokring rural revialization strategy[J]. Rural Deve lopment News,1992.

按照统一规划、集中投入、分批实施的思路，把乡村振兴纳入全域规划之中，促进乡村振兴建设，并要充分认识到，在当前的客观条件下，政府没有那么多财力和人力去包办幅员广阔、情况复杂的乡村中的一切事务，不宜背负乡村振兴的所有责任；[①] Ayobami O·K. 等学者分析了乡村旅游产业，他们认为旅游志愿者不仅是推动乡村发展的重要力量，同时也是社会文明进步的重要标志，提出志愿服务队伍往往素质高、专业强，是优秀的基层服务人才和基层治理的重要辅助力量。发展新时代的文明实践志愿服务，能为乡村"造血"，是深化农村建设、深入实施乡村振兴的重要抓手。强调各地要积极发挥志愿服务作用，为乡村引入短缺的资源要素，带动乡村文化、产业发展，但需注意，在推进新时代文明实践工作时，各地志愿服务活动要因地制宜，有选择性、针对性地开展文明实践活动，不可一刀切，要充分尊重当地的实际情况。[②]

第三，对乡村振兴理论的研究。Bai X. McLaughlin K. 以及 Liu Y. 等学者站在乡村发展和全球治理角度，结合具体的研究领域和实务，探讨和研究了乡村振兴的有关理论，提出了因地制宜地培育富有地方特色的农村发展模式，提出了通过整合现有农村资源、充分发挥地区优势、促进农村社会的和谐发展的农村发展模式等；著名经济学家阿瑟·刘易斯等从经济学角度分析了发展中国家普遍存在的传统农业和现代工业的二元经济特征及其影响，指出乡村振兴中会出现城乡分割或不平衡发展的问题，强调要想让农业部门的剩余劳动力向非农部门逐渐转移，就必须提高农村的农业生产力水平，走科技兴农的道路，解放农村的劳动力。

第四，对城乡关系发展方面的研究。1847 年，恩格斯在《共产主义原理》中提出了城乡融合的概念，其基本思想是消除由产业不同带来的城乡就业对立、人口空间分布上的不均衡，以及由城乡对立产生的城乡福利差异。美籍华人发展经济学家 Fei 和美国发展经济学家 Ranis 认为为保证工业

① GREENE M J. Agriculture diversification initiatives: State goverrment roles in ralrevitalization[J]. Rural Economic Altera-tives,1988.

② AYOBAMI O K,BIN ISMAIL H N. Host's supports for voluntourism:A pragmatic approach to rural revitalization[J]. Australian Journal of Basic & Applied Sciences,2013.

化和城镇化的顺利发展，必须重视农业发展，重视提升农业劳动生产率，以此解放更多劳动力，并生产比以往更多的农产品。因此，对于农业部门的建设与发展要积极地推动，这对乡村振兴发展有着至关重要的作用。德国地理学家 Christaller 强调城市与农村、工业与农业协调互促的发展关系，指出农村向城市供应资源，城市为农村提供工商服务，在这种共存与互动的静态表象下，城市实际上导引着城乡关系向近代方向的转变。城市最初以极具渗透力的商品货币关系，侵蚀着乡村的农本经济，解构了乡村的封建关系；而当城市因其一定的封建属性而束缚了自身发展时，城市要素又向农村转移，促使乡村工业兴旺，客观上强化了城市和城市资本对农村的支配力，并使乡村逐渐变成城市的依附者和从属物。在乡村工业基础上形成的新型城市，成为这些乡村工业区的控制中心，近代的乡村城市化模式由此诞生。①

第五，对农村变迁方面的研究。法国著名社会学家孟德拉斯以法国农村变迁作为研究对象，指出农业劳动者的生活跨越传统和现代两个世界，他们在传统世界即乡村受到旧结构的禁锢但又不断被现代世界即城市所吸引。他们逐步离开传统世界，涌向现代人的世界。这样一方面带来了城市和小镇的发展，另一方面传统世界受到摒弃，村庄逐渐凋敝。随着乡村现代化的发展，乡村社会发生巨变，成为既有城市特点又有乡村特点的地方社会。这是因为一方面城市化、工业化的发展吸引乡村劳动力到城市谋生，乡村逐步空心化，另一方面乡村的现代化发展打破传统小农的发展模式，原有的农业从业者发生新的变化，同时也增加了相关产业的劳动力。②

总体上看，国内外关于农村产业发展和乡村振兴的研究提供了充分的理论借鉴和现实参考价值。但具体到贵州农村产业发展和乡村振兴的实践成果还较少。

---

① 刘景华. 中世纪西欧城市与城乡关系的转型 [J]. 世界历史, 2017 (06): 33-49, 156-157.

② 孟德拉斯. 农民的终结 [M]. 李培林, 译. 北京: 社会科学文献出版社, 2005.

四、贵州农村产业发展赋能乡村振兴战略的内在机理

机理是指为实现某一特定功能，一定的系统结构中各要素的内在工作方式以及诸要素在一定环境条件下相互联系、相互作用的运行规则和原理。贵州农村产业发展赋能乡村振兴战略的内在机理分宏观层面和微观层面两个维度解读。

宏观层面看，贵州农村产业发展是贵州省委省政府提出的振兴农村经济的战略举措，是现代化大农业发展的核心内容。乡村振兴战略是国家提出的振兴农村经济的战略举措。贵州农村产业发展的直接目的是振兴农村产业经济。乡村振兴的总要求是"产业兴旺、生态宜居、乡风文明、治理有效、生活富裕"，目的是乡村全面振兴，农业强、农村美、农民富全面实现。贵州农村产业发展和乡村振兴战略都紧扣两个核心词：产业和经济。贵州农村产业发展的核心诉求振兴农村产业经济正是乡村振兴战略的总要求之一"产业兴旺"，而且产业兴旺被放在乡村振兴战略总要求的第一位，可见其重要性和基础地位。由此，在宏观层面，贵州农村产业发展和乡村振兴战略围绕着产业经济的核心诉求紧密相连。可以说，贵州农村产业发展是赋能乡村振兴战略（核心是助推产业兴旺）的强大策略。

微观层面看，贵州农村产业发展"八要素"和贵州农村产业发展的工作指引"五步工作法"，都旨在系统、科学地推进农村产业发展，重点是农业产业结构调整，一二三产业融合，即聚焦优势品种、把握市场需求、围绕主导产业推进农业产业调整取得更大成效。产业变革操作层面的技术路线完全吻合乡村振兴战略的发展思路。在微观层面，贵州农村产业发展和乡村振兴战略的技术操作方法是一致的。宏观层面核心诉求的紧密性和微观层面技术操作的一致性，使农村产业发展和乡村振兴战略产生了内在的关联和相互作用。

第二章 贵州农村产业发展赋能乡村振兴战略的现状考察

一、贵州农村产业发展取得的显著成就

贵州在深入推进农村产业发展过程中，通过贯彻落实"八要素"，严格紧扣"五步工作法"，推动农业生产方式发生历史性变革，农村经济全方位振兴赢得新突破，农村产业发展取得阶段性显著成效，初步构筑出符合贵州实际的农村产业高质量发展新框架。

（一）经济收益显著提升

2018年2月，贵州省委在产业选择上要求"拿出最好的土地种植效益高的经济作物"，明确提出将经济作物面积占种植业比重提高到65%以上，并把调减籽粒玉米种植面积放在了推动农村产业发展的突出位置。截至2018年底，贵州全省一年共调减玉米种植面积785.19万亩，比2017年提高20多倍。①贵州省汇聚强大合力，深入推进农村产业发展。结合资源禀赋、产业基础、市场需求等情况，在全省选择12个特色产业作为主导产业。"十三五"期间，贵州省现代山地特色高效农业发展取得明显进展，12个特色优势产业持续发展壮大。其中，茶园面积700万亩、辣椒面积545万亩、李子面积263.5万亩、刺梨面积200万亩、蓝莓面积19.3万亩，种植规模均居全国第一。贵州省以特色优势产业为

---

① 黄娴."四场硬仗"聚焦脱贫攻坚［EB/OL］. 人民网—人民日报 m. people. cn/n4/2019/0306/c1294-12412387. html, 2019-03-06.

主要抓手，积极开发山地资源，深入推进农业供给侧结构性改革，大力发展现代山地特色高效农业，推动全省农产品跃上中高端台阶，推动农业生产从单一种养殖转变为一二三产业融合发展，推动农业经济增长从要素驱动转变为创新驱动，推动农业农村发展由过度依靠资源消耗转变为追求绿色生态可持续发展，实现了贵州农业发展方式的根本性转变。

根据地区生产总值统一核算结果，2022年贵州全省地区生产总值20164.58亿元，比上年增长1.2%。其中，第一产业增加值2861.18亿元，增长3.6%；第二产业增加值7113.03亿元，比上年增长0.5%；第三产业增加值10190.37亿元，比上年增长1.0%。第一产业增加值占地区生产总值的比重为14.2%，比上年提高0.2个百分点；第二产业增加值占地区生产总值的比重为35.3%，比上年提高0.1个百分点；第三产业增加值占地区生产总值的比重为50.5%，比上年下降0.3个百分点。人均地区生产总值52321元，比上年增长1.2%。全员劳动生产率为103797元/人，比上年提高1.6%。2022年末全省常住人口3856万人，比上年末增加4万人。其中，城镇常住人口2114万人，占年末常住人口的比重为54.81%，比上年末提高0.48个百分点。2022年全年出生人口42.5万人，出生率为11.03‰；死亡人口28.2万人，死亡率为7.32‰；自然增长率为3.71‰。[1]

2022年全年全省农林牧渔业总产值4908.67亿元，比上年增长4.2%。其中，种植业总产值3313.70亿元，比上年增长3.5%；林业总产值340.00亿元，比上年增长3.9%；畜牧业总产值941.40亿元，比上年增长5.7%；渔业总产值79.60亿元，比上年增长6.5%。[2]

① 贵州省人民政府. 贵州省2022年国民经济和社会发展统计公报［EB/OL］. https://www.guizhou.gov.cn/zwgk/zfsj/tjgb/202305/t20230517_79768889.html,2023-05-17.

② 贵州省人民政府. 贵州省2022年国民经济和社会发展统计公报［EB/OL］. https://www.guizhou.gov.cn/zwgk/zfsj/tjgb/202305/t20230517_79768889.html,2023-05-17.

表 2-1 2022 年农林牧渔业总产值及其增长速度

指标名称	绝对数（亿元）	比上年增长（%）
农林牧渔业总产值	4908.67	4.2
种植业	3313.70	3.5
林 业	340.00	3.9
畜牧业	941.40	5.7
渔 业	79.60	6.5
农林牧渔业及辅助性活动	233.97	6.3

2022 年全年全省粮食播种面积 4183.05 万亩，比上年增长 0.04%；粮食产量 1114.64 万吨，比上年增长 1.8%。全年蔬菜种植面积 2188.00 万亩，比上年下降 3.7%；蔬菜产量 3275.97 万吨，比上年增长 2.3%。全年食用菌收获面积 36.33 万亩，比上年增长 4.2%；食用菌产量 79.76 万吨，比上年增长 1.6%。全年茶叶采摘面积 541.48 万亩，比上年增长 1.7%；茶叶产量 26.62 万吨，比上年增长 8.3%（见图 2-1）。全年园林水果采摘面积 742.72 万亩，比上年增长 1.5%；全年园林水果产量 629.37 万吨，比上年增长 7.9%（见图 2-2、图 2-3）。2022 年末全省猪存栏 1542.67 万头，比上年末增长 0.8%；牛存栏 492.24 万头，比上年增长 2.7%；羊存栏 359.15 万只，比上年下降

图 2-1 遵义市凤岗县农户茶园 笔者拍摄于 2022 年 4 月 1 日

图 2-2 毕节市黔西市农户果园 笔者拍摄于 2022 年 8 月 14 日

图 2-3 毕节市纳雍县橘子种植基地 笔者拍摄于 2021 年 10 月 28 日

7.1%；家禽存栏 12246.12 万羽，比上年增长 1.9%。全年猪出栏 1984.73 万头，比上年增长 7.3%；牛出栏 173.91 万头，比上年下降 3.4%；羊出栏 267.44 万只，比上年下降 4.5%；家禽出栏 18422.68 万羽，比上年增长 4.2%。全年猪牛羊禽肉产量 239.05 万吨，比上年增长 5.9%；禽蛋产量 33.6 万吨，比上年增长 21.2%；牛奶产量 3.73 万吨，比上年下降 24.1%。全年全省水产品产量 26.84 万吨，比上年增长 2.4%。其中，养殖水产品产量 26.41 万吨，比上年增长 2.7%（见图 2-4）。①

图 2-4　遵义市仁怀市个体户养猪场　笔者拍摄于 2021 年 7 月 16 日

表 2-2　2022 年主要农产品产量及其增长速度

指标名称	绝对数（万吨）	比上年增长（%）
粮食产量	1114.64	1.8

① 贵州省人民政府. 贵州省 2022 年国民经济和社会发展统计公报 ［EB/OL］. https://www. guizhou. gov. cn/zwgk/zfsj/tjgb/202305/t20230517_79768889. html, 2023-05-17.

指标名称	绝对数（万吨）	比上年增长（%）
蔬菜	3275.97	2.3
食用菌	79.76	1.6
猪牛羊禽肉	239.05	5.9

经过不懈努力，贵州农业生产能力显著增强，特色优势产业不断发展壮大，农业产业结构、品种结构和区域布局不断优化，农村产业进一步融合，助农增收成效明显，为持续推进农村产业高质量发展奠定了坚实基础。显著的经济收益给农村带来了生机和活力，部分农民开始在农村产业发展中受益，实实在在的经济收入增加了人们的信心。

（二）产业定位日益清晰

种植业、养殖业、旅游业是贵州的三大支柱产业。随着疫情过后经济的复苏，旅游业数据越来越漂亮，2022 年全年全省接待游客 4.92 亿人次，旅游总收入 5245.64 亿元。2022 年年末全省 5A 级旅游景区 9 个，4A 级旅游景区 143 个。年末全国重点文物保护单位 81 个，等级以上乡村旅游重点村（镇）437 个，等级以上乡村旅游标准化单位 8957 个。年末客房数 88.41 万间，客房床位数 143.62 万张。[①] 贵州各州市县紧紧围绕自然资源禀赋积极选择和推进适合本地区发展的产业，产业定位越加清晰明朗。如遵义市的特色产业是白酒、茶叶、辣椒、生态畜禽肉及肉制品、蔬菜、调味品、地方优质食品等七大重点产业。遵义市全力加快推进茶产业强市建设，截至 2020 年 8 月，全市茶园种植面积稳定在 200 万亩，全年茶叶总产量达 15.49 万吨，初步形成了以湄潭县、凤冈县、余庆县、正安县为主的茶叶加工产业群。"遵义绿""遵义红"等茶叶区域公共品牌影响力不断增强。遵义因茅台而驰名中外，全市已有亿元级以上白酒企业 21 户，预计到 2025 年，全市白酒产量将达 60 万千升（1 千升 = 1000 升），产值达 2000

---

① 贵州省人民政府. 贵州省 2022 年国民经济和社会发展统计公报［EB/OL］. https://www.guizhou.gov.cn/zwgk/zfsj/tjgb/202305/t20230517_79768889.html,2023-05-17.

亿元。遵义市以中国辣椒城为中心，搭建辣椒进出口贸易平台，持续发布遵义朝天椒（干椒）批发价格指数，已成为行业的"风向标"和"晴雨表"。截至 2020 年 8 月，遵义市辣椒种植面积达 210 万余亩，年产量 256 万余吨，有粗、深、精大中型规模加工企业 70 余家（见图 2-5、2-6）。①

图 2-5　遵义市辣椒种植　笔者拍摄于 2023 年 8 月 20 日

图 2-6　遵义市辣椒种植　笔者拍摄于 2023 年 8 月 20 日

①　遵义发布. 走特色发展之路！遵义围绕七大产业布局, 多彩贵州网 http://travel. gog. cn/system/2020/08/21/017703322. shtml, 2020-08-21.

黔南州大力发展生态蛋禽、茶叶、蔬果、刺梨、中药材五大山地特色产业，助力脱贫奔小康。茶产业是黔南州的绿色产业、富民产业、朝阳产业，已经成为助推脱贫攻坚、实施乡村振兴战略的典范。都匀市良亩基地是省级重点农业园区，是黔南州坝区结构调整的样板坝区之一，每天有30多吨蔬菜直销粤港澳大湾区。2019年，仁怀市先后制定出台《关于全力服务茅台集团发展的十条意见》《仁怀市白酒产业人才体系提升工程实施意见》《仁怀市白酒行业准入标准》等政策，支持企业加快技术改造和设备更新，将固定资产加速折旧优惠政策扩大至全部制造业领域；同时，深入实施"千企引进"工程，在白酒产业招商方面，围绕增品种、提品质、创品牌"三品"工程，盘活现有生产资源存量。此次调研有部分被访者来自仁怀市，通过他们的叙述发现，酒厂让他们得到了切实的实惠，有些人在酒厂工作维持了家庭的基本开支，附近很多农户以高粱种植为主，用来为仁怀市白酒酿造提供原材料。支柱产业的发展，除了具有直接推动经济发展的作用外，还有间接带动地区旅游业发展的作用。农旅结合的发展模式也逐渐成为部分地区产业发展的一大支柱产业，在贵州多地的茶叶小镇、遵义播州区花茂村等地正在走农旅结合的发展道路。贵州省各州、市陆续出台了促进旅游业发展的办法（见图2-7，2-8）。

图2-7 遵义市仁怀市酒厂 笔者拍摄于2022年9月17日

图 2-8　遵义市仁怀市酒厂　笔者拍摄于 2022 年 9 月 17 日

　　贵州多个市州都在农村产业发展的道路上积极探索，努力寻找符合本地资源禀赋的产业定位，遵义的茶产业和酒产业、都匀的茶产业和蔬菜产业、怀仁的酒产业等日益清晰的产业定位为其他市州的产业选择提供了借鉴样板。

（三）产销体系构建渐成规模

　　贵州农村产业发展旨在带领广大农民群众创收、增收、致富，推进全省经济发展、促进农业现代化事业大踏步向前迈进。农业发展需要技术、需要时间，但市场需求也是必不可少的。产销体系构建是贵州农村农业发展的关键因素。产销对接体系薄弱是产品价值转换的一大困境，农作物生产具有时效性，错过种植期，前期准备都将付之东流；错过销售黄金期，产品卖不出好价钱，农民辛劳的成果将贬值。由此，各级产销体系的建立与完善是发展的必备条件，对贵州农村产业发展能否顺利实施并达到预期目标有着直接的影响。

　　关于贵州省产销体系的建立，不得不提及的就是贵州省供销合作社联合社，作为一个服务"三农"问题的组织，对全省乡镇覆盖率达到 100%。为了更好地提供服务，做好产销衔接的工作，早在 2014 年贵州省供销合作社出台了《关于进一步加强基层社建设工作意见》。基层社是供销合作社的根基所在，是供销合作社为"三农"服务的前沿阵地，也是供销合作社参与农村社会化服务体系建设的重要载体。2021年省供销合作社工作重点中强调不断加强贵州农产品产销衔接，同时推进村级供销社建设。产销体系的建立在中观层面架构了良好的产与销的桥梁。村级供销社建设还处于初期发展阶段，但在实践的具体过程中正在改进、完善，并在产业定位、生产数量、销售途径等方面日益发挥出指导、引导等重要的作用。

（四）村集体经济发展初见成效

"让鲜花开满村庄，让土地充满希望，要让农民过上更加美好幸福的生活"是农民对美好生活的向往。目前，乡村现有的医疗、养老、教育、文化等方面虽然与城市相比仍存在较大差异，但农民的整体收入已有明显提高，也有了创新、求变，改革产业、促进经济发展的需求。

农村不断夯实的物质基础为产业革命的开展创造了良好的环境。一些乡镇试图走村集体经济的发展道路，并取得了初步成效，为村集体经济的大规模发展提供了样板和借鉴。如贵州安顺的"塘约经验"被称为新时代农村改革典范。安顺市塘约村曾经是一个人均收入不足4000元的国家级二类贫困村，村里多为留守儿童和空巢老人，青壮年外出务工者居多。2014年，洪水淹没了塘约村农民辛苦种植的庄稼，为绝处求生，村"两委"班子大胆探索，成立了安顺市第一个"村社一体"合作社，率先在贵州省开展土地承包经营权、林权等"七权"同步确权，探索"合股联营"发展模式。经过几年的实践，逐步走出一条"党建引领、改革推动、合股联营、农民自治、共同富裕"的脱贫致富之路。2017年农民人均可支配收入达到11200元，村级集体经济达到312万元，被评为2016年度贵州省"产业结构调整模范乡村"[①]。塘约村将零散的土地集中起来，走村集体发展道路，全村得以实现产业结构调整和规模发展。合作社下设土地流转中心、股份合作中心、金融服务中心、营销信息中心、综合培训中心、权益保障中心，形成"1+6"的一体化服务体系，有效解决了农村土地难以集中、贫

---

① 齐丽娟."塘约经验"的探索与创新，安顺日报［N/OL］. https://www.sohu.com/a/285571318_120042094,2018-12-29.

困户资金难以筹集、市场风险难以抵御、农民权益难以保障等问题。赤水的竹产业、安顺食用菌产业等一批批产业发展闯出新路，一个个村集体产业应运而生。村集体经济在探索中发展，正在往惠及更多农民、吸引外出务工者返乡的目标努力。

（五）典型案例引领产业发展

贵州有诸多"振兴农村经济的深刻产业革命"的典型案例，如毕节市"三定""三有""三全""三多"产业革命策略、天柱县南康村"南康故事"、平塘县的"革命者"、黔南州都匀茶场等典型案例，诠释了贵州农村产业发展"八要素"和"五步工作法"深化农村产业发展的路径策略、实施成效和前景出路，真正实现"活业""活人""活村"的乡村美景。

1. 毕节市"三定""三有""三全""三多"产业发展

在振兴农村经济的深刻革命中，贵州省毕节市围绕规模、产业、管理和效益四个方面做好示范引领，着力打造产业示范基地，不断增强产业吸附力和辐射力，带动产业结构调整。截至2020年12月，已建设示范点1029个；引进和培养农业企业859个、组建农民合作社4516个，带动群众269.42万人，其中，贫困户63万余人[①]。毕节市推进的农村产业发展模式亮点是四个"三"的理念："三定"指定面积、定方案、定图斑。"三有"即产业选择有特色、生产经营有主体、科技服务有队伍；"三全"即设施齐全、制度健全、质量安全；"三多"指推动亩产收入多、推动市场联结多、推动带动群众多。毕节市通过"大数据"分析信息及数据，在产品与市场对接方面精准发力，紧扣农村产业发展"八要素"中"产销对接"这一重要环节。如农业大数据中心通过大数据监测和市场分析，判断某些目标市场在某一时期会出现部分蔬菜青黄不接的空档期，于是发动群众种植早熟马铃薯以替代蔬菜的空缺。毕节市充分把握农村产业结构调整"八要素"，用好用活"五步工作法"，通过积极稳妥推进农业产业结构调整、助推脱贫攻坚、紧扣市场需求、扎实推进一二三产业深度融合等路

---

① 图行贵州. 毕节市开启推进农村产业发展"示范带动"模式［EB/OL］. www.txgz.cc，2021-03-09.

径，充分发扬毕节试验区精神，全力推进乡村振兴战略。其中，亩产收入多、市场联结多、带动群众多，是振兴农村产业经济的"三大核心指标"；生产和销售的结合，贫困户和非贫困户的结合，经营主体和农技人员的结合，从政策和行动上加快了农村产业结构优化、产业融合发展、特色产业竞争力培育以及农村产业扶贫这四大路径的实施（见图2-9）。

图2-9　毕节市大方县烤烟种植　笔者拍摄于2022年6月18日

毕节市在农业现代化、旅游产业化等方面不断推进。聚焦农业大发展，推进农业产业规模化、市场化、品牌化，推动农业"接二连三"，加快建设现代山地特色高效农业强市。围绕"八大特色产业"，强力推进"一县一业""多镇一特""数村一品"，突出推动肉牛、刺梨、天麻、高粱、食用菌等产业发展，完善烟叶基础设施配套，落实烟叶税返还政策，截至2022年底，完成烤烟种植52万亩、收购烟叶124万担以上。深入实施"八大攻坚行动"，育成主要农作物新品种10个以上。新建和改造提升高标准农田20万亩以上，主要农作物耕种收综合机械化率提高到50%以上。新建农产品产地冷藏保鲜设施项目4个。新增市级以上农业龙头企业20家、示范合作社100个、示范家庭农场100家。新增认证"两品一标"农产品10个、粤港澳大湾区"菜篮子"基地15个以上，打响"乌蒙山宝·毕节珍好"品牌。大力发展农产品加工和冷链物流，引进培育规上农产品加工企业8家以上，农产品加工转化率达60%。聚焦旅游大提质，全面推动旅游业复苏，推动景区提质。培育织金洞—百里杜鹃避暑旅游度假集群，推动平远古镇创建国家级夜间文旅消费集聚区。推动韭菜坪、油杉河、九洞天等景区提质升级。做活化屋景区等乡村旅游，新增省级以上乡村旅游重点村（镇）5个以上。新培育网红景点5个。加快乌江源百里画廊等重点项目建设，盘活闲置低效旅游项目3个以上。丰富旅游业态。大力发展"旅游+"，建设融合业态项目6个以上。持续推进长征国家文化公园项目建设。推出"研学游""亲子游""科普游""体验游"等旅游产品，探索打造度假康养产业，大力发展山地户外运动，打造威宁马拉松高原训练基地。实施休闲农业和乡村旅游精品工程。健全服务体系。培育规模以上涉旅企业20家以上，涉旅市场主体突破2万家。组建市级文旅志愿服务团队。打造精品剧目，培育精品旅游线路。加快完善旅游交通、导游服务、餐饮住宿等要素配套。探索旅游资源统筹开发、统一运营新机制。加强文化旅游营销，提升"洞天福地·花海毕节"品牌影响力。开发民族文化创意产品和旅游商品，提高旅游商品供给水平。拓展新的客源市场，吸引更多省外游客，推动旅游业"井喷式"增长（见图2-10）。①

图2-10 毕节市百里杜鹃研学实践基地 笔者拍摄于2023年6月5日

---

① 毕节市人民政府. 2023年毕节市人民政府工作报告［EB/OL］. https://www.bijie.gov.cn/zwgk/zfgzbg/202301/t20230103_77794925.html? eqid = b1bcb44a000e2db6000000066488823f, 2023-01-03.

2. 天柱县南康村"南康故事"

黔东南州天柱县凤城街道南康村以"生态文化"为根基，充分发挥党组织引领作用，延伸拓展"生态股"模式，围绕"药、茶、酒、水、菜"等资源，推动形成"一谷两地三园"产业带，彻底打破了"宁愿逃荒，不嫁南康"的禁锢，创造了"南康故事"，为乡村产业发展提供新样板。

依托南康村独特的地理条件和湿润温暖的气候，引进种植天麻、杜仲、吴茱萸、野党参、何首乌、龙胆草、天冬、黄精、金银花、五倍子等，人工林下种植黄精、白及、三七等中药材300余亩，围绕中医药和森林康养两个主题，配备相应的养生休闲、医疗及康养服务设施、丰富中草药游憩体验，积极打造中药材生态养生文化基地。目前，已建成森林康养房1幢，预计修建康养特色民宿20幢，将南康村打造成康养休闲之地。充分利用南康村区域内自然资源条件优势，大力发展饮用水、果蔬、生猪等产业，引进建成天竹红水厂，持续开发使用优质水源，包装成品、建立品牌，实现年产瓶装水2.4万件、桶装水24万桶，年产值达125万元，带动长期劳动力就业20余人。种植西瓜1000余亩、蔬菜220余亩，结合种养双向循环，引进建成生态养猪场12个，年出栏达2000头，年产值达400万元，带动附近农户增收1万元以上。立足"抱团发展"的理念，依托贵州绿色方舟生态农业开发有限公司优势，将群众利益与企业帮扶结合起来，探索推行种植生产原料股、保护生态资源股、改善人居环境股的"生态股"模式，动员群众利用闲置土地栽种红豆杉，建成2200余亩南方红豆杉康养产业园，建成400余亩天竹红"高山茶叶观光园"，投资300余万元建设"天竹红酒产业园"，目前窖藏酒20余吨，市值400余万元。①

3. 平塘县的"革命者"

平塘县位居贵州省的南部，属于贵州省黔南布依族苗族自治州。该县矿产资源、水能资源、生物资源丰富。在这场农村经济产业振兴的浪潮中，平塘县2017年底率先启动实施"中国天眼"乡村振兴战略示范区创

---

① 天柱县人民政府. 凤城街道南康村：深化"生态股"打造"一谷两地三园"产业振兴集成样板［EB/OL］. https://www.tianzhu.gov.cn/xzjd_0/fcjd/gzdt/202210/t20221008_76659697.html,2020-10-08.

建活动，把农业产业结构优化调整、农业产业扶贫作为首要任务，积极引进龙头企业，充分发挥"双提升两带动"的产业示范作用，有效提升土地利用率，不断创造土地的经济价值；同步提升农民群众对农业产业结构优化调整必要性的认识；带动农户特别是贫困农户通过转型升级发展农业产业，提高产量，实现增收（见图2-11）。在这场"变革"中，在干部和群众队伍中涌现出了一大批积极推动农村产业结构优化，产业融合发展、实现农村产业扶贫的"变革者"。在大家的共同努力下，截至2020年4月，示范区进行玉米、水稻调减工作，完成精品蜂糖李栽植1800亩，金丝皇菊种植1000亩，百香果基地翻犁、起垄350亩、移栽100亩；绿化造林940亩。示范区成立农业合作社37个，与贫困户建立利益联结机制34个①。平塘县以脱贫攻坚"春季攻势"行动令为抓手，聚焦产业革命"八要素"，强化党建引领，有效推动农业产业结构调整和优化，让广大群众富在产业链上。平塘县的村貌发生了翻天覆地的变化，新型产业结构逐步优化，农民增收效益显著增强。

图2-11　平塘县"中国天眼"研学基地　笔者拍摄于2022年6月28日

---

① 黔讯网，荒山的蜕变——平塘县着力打造"天眼花果山，乡村产业兴"高效农业示范区[EB/OL]. www.qx162.com. 2020-06-03.

4. 黔南州都匀茶场

贵州省都匀市是黔南布依族苗族自治州州府，海拔较高，气候凉爽。土质中富含铁元素和微量元素，非常有利于茶树的生长。近年来，都匀市牢牢抓住发展和生态两条主线，把发展茶产业作为实现乡村振兴战略的重要措施，坚持把茶产业作为地区特色产业、重点产业，努力打造出一条有特色、有品质、有市场的茶产业新路子（见图 2-12）。都匀市主动发挥茶叶生产核心基地的火车头作用，依托国家产业政策的倾斜，在保证茶叶质量的基础上，强化产业技术，打造都匀毛尖品牌形象，拓展市场，加快发展。曾经的都匀单个茶园的规模不大，大多为群众分散种植，茶叶生产经营企业多但规模小"体能"弱，生产专业化水平低，没有形成规范的产业加工工艺，生产设备也较为陈旧，这些都导致茶产品质量规格不统一，品质难以保证，优质产品生产效率低，产品技术含量不高，缺乏向深度开发的能力。2018 年，都匀市政府与 45 家茶叶企业和茶叶专业合作社签订《都匀市茶叶农产品质量安全承诺书》，进一步在茶叶生产、加工、销售各个环节确保茶叶的质量安全，提升都匀毛尖茶的品质。同时，通过优化品种结构，加强茶园管理等方法实现茶园提质增效工程，加快茶叶生产、加工、销售转型升级。强调龙头企业的带头作用，在政府的扶持下使龙头企业

图 2-12 黔南布依族苗族自治州都匀农户茶场　笔者拍摄于 2021 年 3 月 26 日

不断壮大，进一步带动产业发展。注重对都匀毛尖产业品牌的打造和保护，并运用网络媒体等手段进行宣传。通过新建茶园补助、茶青销售、茶园管护劳务费等方式带动贫困户增收，以企业为龙头、生产经营合作社为纽带、以茶叶种植基地为平台，以茶农为基础，形成政府、企业、茶农相互促进利益相连的发展共同体，推广"龙头企业+合作社+茶农"的茶产业发展模式，都匀市的农业产业扶贫工作取得较为显著的成效。都匀市坚定不移地把都匀毛尖茶产业作为一县一业的主导产业，突出茶、旅、文三领域融合发展，推进建设省级重点高效茶叶产业园区，推进生产和销售的对接，以销量定产量，科学合理管控，使茶产业资本、资金、市场、人才在都匀高度聚集。

二、贵州农村产业发展问卷调查与分析

（一）问卷设计与数据来源

为深入了解贵州农村产业发展实施情况，科学研判其发展走势，更好地了解民生、民意及政策实施效果，通过问卷调查与深度访谈相结合的方法进行田野调查。田野调查时间为 2020 年 1 月至 8 月，历时半年多。笔者在贵州省黔东南苗族侗族自治州凯里市碧波镇先锋村、黔东南苗族侗族自治州镇远县焦溪镇猛溪村、黔东南苗族侗族自治州麻江县贤昌镇新场村、黔东南苗族侗族自治州施秉县城关镇舞阳村、黔南布依族苗族自治州三都水族自治县中和镇新阳村蓝领组、黔南布依族苗族自治州荔波县瑶山乡巴年村弄拉组、黔南布依族苗族自治州罗甸县（沫阳镇沫阳村、沫阳镇红星村、凤亭乡、纳闹村）、遵义市习水县回龙镇周家村、遵义市红花岗区新舟镇绿塘村、遵义市余庆县白泥镇下里村二组、毕节市纳雍县化作乡益兴村、毕节市七星关区八寨镇、毕节市七星关区撒拉溪镇龙场村、毕节市大方县鼎新乡兴启村、铜仁市松桃苗族自治县大兴镇婆硐村、铜仁市德江县合兴镇长线村、铜仁市松桃县乌罗镇前进村龙家贯组、铜仁市思南县大坝场镇花坪村、仁怀市苍龙街道办事处板桥村、盘州市新民镇林家田村等 7 个市（州）20 个田野点发放了 200 份问卷，有效回收问卷 200 份，问卷回收率 100%；并深度访谈了 200 位被访者。被访对象有汉族、土家族、回族、苗族、布依族、侗族、水族、瑶族、畲族、穿青人等，职业有乡镇干

部、教师、医护人员、未外出务工农民、外出务工者、学生、非遗传承人、个体户、商人、军人、退休人员等。年龄分布从 16 岁到 73 岁。家庭年总收入从 6300 元到 200 万元。总体来看，大部分人的收入水平在 5 万元至 18 万元。其中，有一位家境殷实且受过良好教育的居民，在其当地政府和本村农民的支持下，创立了当地第一个具有一定规模的生态畜牧养殖合作社，家庭年总收入在 100 万元左右，但其表示自己收入存在不稳定性，在抵御社会风险、经营风险时抗压能力较差。另外，还有一位居民其儿子开公司做生意，家庭年总收入近 200 万元，但其表示自己是典型的高收入高负债家庭，生活压力较大。整体上看，被访者对贵州农村产业发展的态度分为三类：支持态度 177 人（占比 88.5%）、不支持态度 5 人（占比 2.5%）、无所谓不关心态度 18 人（占比 9%）。

问卷共分为四部分，第一部分为背景信息，第二部分为产业调查，第三部分主要考察人们对于产业革命的相关认知与态度问题，最后一部分为开放题，共计 24 题。第一部分共 7 题，题目包含性别、民族、年龄、居住地、学历、职业、家庭年总收入。第二部分共 2 题，分别是您认为所在村目前有什么重要的产业？您是否参与？第三部分共 12 题，由单选题和多选题组成，分别是您对农村产业发展的认知？您认为所在村产业发展如何？原因是？您对您所在村产业情况的满意度？您的家庭总收入相较三年以前的变化？您知道村里举办过哪些培训？您认为在农村产业发展中产业应该有什么特点？您认为农村产业发展需要重视哪些方面？您觉得农村产业发展带来哪些变化？您认为推动农村产业发展最大的困难是？农村产业发展过程中，您认为政府最应该做什么？在乡村振兴战略提出后，您对哪一个要求比较感兴趣？第四部分共 3 题，该部分是开放题型，分别是您觉得农村产业发展中政策、人、产业等方面存在哪些问题？有什么建议？您目前面临的最大困难是什么？您认为你们村未来的发展方向是？请说明原因。问卷设计按照背景信息、客观事实、认知与态度、意愿的逻辑顺序展开，在设计题目的过程中，按照逻辑关系设置了跳答题；在统计分析时，对缺失值进行了科学处理；并编辑了查错程序，对问卷中题目的逻辑关系进行了纠错处理，确保问卷填答的正确性和合理性。试图通过 SPSS 统计分析问卷体现出来的普遍现象，并通过深度访谈探究问卷背后人们价值判断和行为选择的深层次意义。

（二）基础背景信息

此次调查回收的有效问卷共计200份，除个别跳答题和缺失值外（会特别说明），大部分题目人数总计均为200，图表中的数据显示均为百分比，图表中的总计为总人数。其中，单选题的百分比合计为100%，多选题要求所选答案至多不超过三项，被访者基本上都选择三项，所以多选题的百分比合计大于100%。其中，男性被访者118人，占比59%，女性被访者82人，占比41%。

表2-3　性　　别

		占比（%）	计数
Q1：性别	男	59.00	118
	女	41.00	82
	总计	100.00	200

表2-4　民　　族

		占比（%）	计数
Q2：民族	汉族	39.50	79
	土家族	9.50	19
	回族	2.50	5
	苗族	15.50	31
	布依族	11.00	22
	侗族	2.00	4
	水族	5.00	10
	穿青人	6.00	12
	瑶族	4.00	8
	其他	5.00	10
	总计	100.00	200

表 2-5　年　龄

		占比（%）	计数
Q3：年龄	15 岁及以下	0.50	1
	16—24 岁	19.00	38
	25—40 岁	35.50	71
	41—50 岁	23.00	46
	51—60 岁	13.50	27
	61 岁及以上	8.50	17
	总计	100.00	200

表 2-4 显示，被访者中各民族的占比分别为汉族 39.5%、苗族 15.5%、布依族 11%、土家族 9.5%、穿青人 6%、水族 5%、瑶族 4%、回族 2.5%、侗族 2%、其他 5%。

表 2-5 显示，被访者的年龄分布分别为 15 岁及以下占比 0.5%、16—24 岁占比 19%、25—40 岁占比 35.5%、41—50 岁占比 23%、51—60 岁占比 13.5%、61 岁及以上占比 8.5%。

表 2-6　当前居住地

		占比（%）	计数
Q4：当前居住地	城镇	15.50	31
	农村	67.00	134
	两地都有	17.50	35
	总计	100.00	200

表 2-7 学 历

		占比（%）	计数
Q5：最高学历	没读过书	9.50	19
	小学	21.00	42
	初中	23.50	47
	高中（中专/技校）	15.00	30
	大专或本科	28.00	56
	研究生及以上	3.00	6
	总计	100.00	200

表 2-6 显示，被访者中当前居住地在城镇的有 31 人，占比 15.5%；当前居住地在农村的有 134 人，占比 67%；城镇和农村两边住的有 35 人，占比 17.5%。

表 2-7 显示，从学历来看，各学历层次占比分别为没读过书 9.5%、小学 21%、初中 23.5%、高中（中专/技校）15%、大专或本科 28%、研究生及以上 3%。

表 2-8 职 业

		占比（%）	计数
Q6：职业	农民	39.50	79
	教师	3.50	7
	政府、事业单位人员	12.50	25
	在读大学生	10.00	20
	外出务工人员	18.50	37
	商人	6.00	12
	无业	3.00	6
	其他	7.00	14
	总计	100.00	200

表 2-9　家庭年总收入

		占比（%）	计数
Q7：家庭年总收入	6000 元及以下	3.00	6
	6001—10000 元	10.50	21
	10001—30000 元	12.00	24
	30001—50000 元	22.00	44
	50001—80000 元	19.00	38
	80001—100000 元	11.50	23
	100001 元及以上	11.50	23
	拒绝回答	10.50	21
	总计	100.00	200

表 2-8 显示，从职业分类看，农民占比 39.5%、教师占比 3.5%、政府事业单位人员占比 12.5%、在读大学生占比 10%、外出务工人员占比 18.5%、商人占比 6%、无业占比 3%、其他 7%。

表 2-9 显示，从家庭年总收入看，6000 元及以下占比 3%、6001—10000 元占比 10.5%、10001—30000 元占比 12%、30001—50000 元占比 22%、50001—80000 元占比 19%、80001—100000 元占比 11.5%、100001 元及以上占比 11.5%、拒绝回答占比 10.5%。

（三）产业调查

表 2-10　所在村产业与性别交互表

			Q1：性别		
			男	女	总计
A1：所在村的重要产业	种植业、养殖业	占比（%）	90.68	89.02	90.00
	农副产品加工业	占比（%）	24.58	24.39	24.50
	旅游观光业	占比（%）	30.51	28.05	29.50
	住宿餐饮业	占比（%）	16.10	21.95	18.50
	电子信息产业	占比（%）	2.54	2.44	2.50

			Q1：性别		
			男	女	总计
	机器制造业	占比（%）	0.85	1.22	1.00
	矿产资源业	占比（%）	3.39	2.44	3.00
	其他	占比（%）	1.69	1.22	1.50
	总计	计数	118	82	200

表 2-10 显示，被访者所在村的重要产业排在前三位的是种植业、养殖业 90%，旅游观光业 29.5%和农副产品加工业 24.5%。从男女性别差异看，两者的认知基本相似，只是男性更关注旅游观光业，而女性更关注住宿餐饮业，因此出现了男性认为所在村重要产业是旅游观光业的比例高于女性，女性认为所在村重要产业是住宿餐饮业的比例高于男性。由此可见，不同人对同一客观事实的认知会因自身水平和个人关注点不同而不同。

表 2-11 是否参加所在村产业发展与年龄交互表

A2：是否参与所在村产业发展		Q3：年龄					
		15 岁及以下	16—24 岁	25—40 岁	41—50 岁	51—60 岁	61 岁及以上	总计
是	占比（%）		21.05	60.56	56.52	74.07	35.29	51.50
否	占比（%）	100.00	78.95	39.44	43.48	25.93	64.71	48.50
总计	计数	1	38	71	46	27	17	200

表 2-11 显示，从年龄分布看，参与所在村产业发展的中坚力量的是 25—60 岁。具体为 25—40 岁占比 60.56%，41—50 岁占比 56.52%，51—60 岁占比 74.07%。

表 2-12 是否参加所在村产业发展与当前居住地交互表

			Q4：当前居住地			
			城镇	农村	两地都有	总计
A2：是否参与所在村产业发展	是	占比（%）	32.26	58.96	40.00	51.50
	否	占比（%）	67.74	41.04	60.00	48.50
	总计	计数	31	134	35	200

表 2-12 显示，从当前居住地来看，居住在农村的参与所在村产业发展比例最高，为 58.96%；城镇、农村两地共同居住的参与所在村产业发展比例为 40%；居住在城镇的参与所在村产业发展比例为 32.26%。有些产业已经辐射到城镇，有些城镇已经有了产业，所以居住在城镇的居民有一定的产业参与率。

（四）认知与态度

表 2-13 是否参加所在村产业发展与性别交互表

			Q1：性别		
			男	女	总计
B1:对农村产业发展的认知	增加农民负担	占比（%）	3.39	2.44	3.00
	增加农民收入	占比（%）	82.20	78.05	80.50
	实施乡村振兴战略	占比（%）	31.36	46.34	37.50
	决战脱贫攻坚、决胜同步小康	占比（%）	22.88	23.17	23.00
	解决当前农业结构性矛盾	占比（%）	14.41	4.88	10.50
	构建城乡融合发展格局	占比（%）	14.41	9.76	12.50
	推进农业农村可持续发展	占比（%）	27.12	21.95	25.00
	不清楚	占比（%）	8.47	13.41	10.50
	总计	计数	118	82	200

表 2-13 显示，整体上看，被访者对农村产业发展的认知为：3% 的被访者认为增加农民负担，80.5% 的被访者认为增加农民收入，37.5% 的被访者认为实施乡村振兴战略，23% 的被访者认为决战脱贫攻坚、决胜同步

小康，10.5%的被访者认为解决当前农业结构性矛盾，12.5%的被访者认为构建城乡融合发展格局，25%的被访者认为推进农业农村可持续发展，10.5%的被访者表示不清楚。

表2-14 所在村产业发展与性别交互表

		Q1：性别			
		男	女	男	女	总计
B2：所在村产业发展如何	很好	占比（%）	7.63	8.54	8.00
	较好	占比（%）	22.03	31.71	26.00
	一般	占比（%）	50.85	52.44	51.50
	较差	占比（%）	16.95	7.32	13.00
	很差	占比（%）	2.54	0	1.50
	总计	计数	118	82	200

表2-14显示，从性别看，认为所在村产业发展很好和较好的男性占比29.66%，女性占比40.25%；而认为所在村产业发展较差和很差的男性占比19.49%，女性占比7.32%。可见，男性对所在村产业的评价明显比女性差，也说明了男性比女性更在意产业发展、承担更多养家压力的社会现实。

表2-15 所在村产业发展与当前居住地交互表

			Q4：当前居住地			
			城镇	农村	两地都有	总计
B2：所在村产业发展如何	很好	占比（%）	9.68	8.21	5.71	8.00
	较好	占比（%）	45.16	23.88	17.14	26.00
	一般	占比（%）	38.71	50.00	68.57	51.50
	较差	占比（%）	6.45	15.67	8.57	13.00
	很差	占比（%）	0	2.24	0	1.50
	总计	计数	31	134	35	200

表2-15显示，从当前居住地看，居住在农村的被访者对所在村产业发展不满的比重明显较高，占比17.91%；而居住在城镇的被访者对所在

村产业发展的满意度较高，认为很好和较好的比重占54.84%。

表2-16 所在村产业发展与学历交互表

B2：所在村产业发展如何		Q5：最高学历						
		没读过书	小学	初中	高中（中专/技校）	大专或本科	研究生及以上	总计
很好	占比（%）	10.53	16.67	4.26	10.00	3.57	0	8.00
较好	占比（%）	5.26	11.90	27.66	40.00	33.93	33.33	26.00
一般	占比（%）	68.42	47.62	57.45	36.67	51.79	50.00	51.50
较差	占比（%）	10.53	19.05	10.64	13.33	10.71	16.67	13.00
很差	占比（%）	5.26	4.76	0	0	0	0	1.50
总计	计数	19	42	47	30	56	6	200

表2-16显示，从学历层次看，没读过书和小学学历的被访者对所在村产业发展的评价最差，分别占比15.79%、23.81%。研究生及以上学历者也表现出较高的占比16.67%，一方面是因为这部分群体总的样本量较少（只有6人），另一方面是他们对产业发展的期待较高，对现实不满。整体上看，初中、高中（中专/技校）、大专或本科这些学历层次的被访者对所在村产业发展的满意度较高。

表2-17 所在村产业发展与家庭年总收入交互表

B2：所在村产业发展如何		Q7：家庭年总收入								
		6000元及以下	6001—10000元	10001—30000元	30001—50000元	50001—80000元	80001—100000元	100001元及以上	拒绝回答	总计
很好	占比（%）	0	0	8.33	15.91	2.63	4.35	17.39	4.76	8.00
较好	占比（%）	0	14.29	33.33	20.45	28.95	30.43	39.13	23.81	26.00
一般	占比（%）	50.00	42.86	54.17	54.55	52.63	52.17	43.48	57.14	51.50
较差	占比（%）	50.00	38.10	4.17	6.82	13.16	13.04	0	14.29	13.00
很差	占比（%）	0	4.76	0	2.27	2.63	0	0	0	1.50
总计	计数	6	21	24	44	38	23	23	21	200

表2-17显示，从家庭年总收入看，收入越低，对所在村产业发展越不满意。其中家庭年总收入在6000元及以下者认为所在村产业发展较差的

占比 50%，家庭年总收入在 6001—10000 元者认为所在村产业发展较差和很差的占比 42.86%。

表 2-18　所在村产业发展原因与性别交互表

| | | | Q1：性别 | | |
			男	女	总计
B3：所在村产业发展的原因	位置良好	占比（%）	49.15	47.56	48.50
	交通便利	占比（%）	53.39	40.24	48.00
	引进企业	占比（%）	16.10	8.54	13.00
	人才支撑	占比（%）	3.39	3.66	3.50
	技术支撑	占比（%）	15.25	19.51	17.00
	政策支持	占比（%）	61.02	68.29	64.00
	其他	占比（%）	5.08	4.88	5.00
	总计	计数	118	82	200

表 2-18 显示，整体上看，认为所在村产业发展的原因依次为政策支持占比 64%、位置良好占比 48.5%、交通便利占比 48%、技术支撑占比 17%、引进企业占比 13%、人才支撑占比 3.5%。男女性别差异对所在村产业发展的原因认知差异不大。

表 2-19　所在村产业发展原因与当前居住地交互表

| | | | Q4：当前居住地 | | | |
			城镇	农村	两地都有	总计
B3：所在村产业发展的原因	位置良好	占比（%）	45.16	48.51	51.43	48.50
	交通便利	占比（%）	35.48	47.76	60.00	48.00
	引进企业	占比（%）	9.68	11.94	20.00	13.00
	人才支撑	占比（%）	6.45	2.99	2.86	3.50
	技术支撑	占比（%）	6.45	17.16	25.71	17.00
	政策支持	占比（%）	90.32	60.45	54.29	64.00
	其他	占比（%）	0	5.97	5.71	5.00
	总计	计数	31	134	35	200

表 2-19 显示，从当前居住地来看，居住在城镇的被访者认为所在村产业发展原因是政策支持的有 90.32%，居住在农村的被访者认为所在村

产业发展原因是政策支持的则是 60.45%，而在城镇和农村两地居住的被访者认为所在村产业发展的最主要原因是交通便利，占比 60%。

表 2-20　对所在村产业满意度与性别交互表

			Q1：性别		
			男	女	总计
B4：对所在村产业满意度	非常满意	占比（%）	11.02	10.98	11.00
	基本满意	占比（%）	24.58	37.80	30.00
	一般	占比（%）	46.61	42.68	45.00
	不满意	占比（%）	14.41	7.32	11.50
	非常不满意	占比（%）	3.39	1.22	2.50
	总计	计数	118	82	200

表 2-20 显示，从性别看，女性对所在村产业满意度比男性高。女性中对所在村产业表示非常满意和基本满意的占比 48.78%，而男性中对所在村产业表示非常满意和基本满意的占比 35.6%；女性中对所在村产业表示不满意和非常不满意的占比 8.54%，而男性中对所在村产业表示不满意和非常不满意的占比 17.8%。整体上看，被访者对所在村产业满意度占比分布为非常满意 11%、基本满意 30%、一般 45%、不满意 11.5%、非常不满意 2.5%。

表 2-21　对所在村产业满意度与当前居住地交互表

			Q4：当前居住地			
			城镇	农村	两地都有	总计
B4：对所在村产业满意度	非常满意	占比（%）	9.68	11.94	8.57	11.00
	基本满意	占比（%）	35.48	29.10	28.57	30.00
	一般	占比（%）	51.61	43.28	45.71	45.00
	不满意	占比（%）	3.23	11.94	17.14	11.50
	非常不满意	占比（%）	0	3.73	0	2.50
	总计	计数	31	134	35	200

表 2-21 显示，从当前居住地看，居住在城镇的被访者对所在村产业不满意的只有 3.23%，而居住在农村的被访者对所在村产业不满意和非常

不满意的有 15.67%，城镇农村两地居住的被访者对所在村产业不满意的有 17.14%，这部分解释了两地居住的人为什么不踏实待在农村，而是选择去城市打工。

表 2-22　家庭年总收入变化与性别交互表

| | | | Q1：性别 | | |
			男	女	总计
B5：家庭年总收入相较三年前的变化	大幅增加	占比（%）	5.93	8.54	7.00
	有所增加	占比（%）	61.86	59.76	61.00
	基本没变	占比（%）	32.20	28.05	30.50
	有所减少	占比（%）		3.66	1.50
	大幅减少	占比（%）	0	0	0
	总计	计数	118	82	200

表 2-22 显示，整体上看，7% 的被访者认为家庭年总收入比三年前大幅增加，61% 的被访者认为家庭年总收入比三年前有所增加，30.5% 的被访者认为家庭年总收入和三年前相比基本没变，1.5% 的被访者认为家庭年总收入比三年前有所减少。

表 2-23　家庭年总收入变化与民族交互表

B5：家庭年总收入相较三年前的变化		Q2：民族									
		汉族	土家族	回族	苗族	布依族	侗族	水族	穿青人	瑶族	其他	总计
大幅增加	占比（%）	6.33	5.26	0	12.90	4.55	0	0	0	25.00	10.00	7.00
有所增加	占比（%）	60.76	73.68	80.00	38.71	81.82	25.00	60.00	58.33	62.50	70.00	61.00
基本没变	占比（%）	29.11	21.05	20.00	48.39	13.64	75.00	40.00	41.67	12.50	20.00	30.50
有所减少	占比（%）	3.80	0	0	0	0	0	0	0	0	0	1.50
大幅减少	占比（%）	0	0	0	0	0	0	0	0	0	0	0
总计	计数	79	19	5	31	22	4	10	12	8	10	200

表 2-23 显示，从民族成分看，表示家庭年总收入相较三年前基本没变占比前三的是侗族 75%、苗族 48.39%、穿青人 41.67%；表示家庭年总

收入相较三年前有所增加占比前三的是布依族81.82%、回族80%、土家族73.68%；表示家庭年总收入相较三年前大幅增加占比前三的是瑶族25%、苗族12.9%、汉族6.33%。

表2-24　家庭年总收入变化与职业交互表

B5：家庭年总收入相较三年前的变化		Q6：职业								
		农民	教师	政府、事业单位人员	在读大学生	外出务工人员	商人	无业	其他	总计
大幅增加	占比（%）	2.74	14.29	20.00		3.03	16.67	0	12.50	7.00
有所增加	占比（%）	61.64	71.43	56.00	70.00	51.52	66.67	0	59.38	61.00
基本没变	占比（%）	34.25	14.29	24.00	30.00	45.45	16.67	100.00	21.88	30.50
有所减少	占比（%）	1.37	0	0	0	0	0	0	6.25	1.50
总计	计数	79	7	25	20	37	12	6	14	200

表2-24显示，从职业分类看，有所增加和大幅增加占比前三的职业是教师85.72%，商人83.34%，政府、事业单位人员76%。外出务工人员中45.45%的被访者表示三年来收入基本没变化，农民中34.25%的被访者表示三年来收入基本没变化。

表2-25　所在村举办过的培训与性别交互表

			Q1：性别		
			男	女	总计
B6：所在村举办过的培训	科技培训	占比（%）	6.78	7.32	7.00
	农牧业实用技术培训	占比（%）	57.63	54.88	56.50
	就业创业技能培训	占比（%）	37.29	40.24	38.50
	动物防疫培训	占比（%）	18.64	20.73	19.50
	党建知识培训	占比（%）	16.10	15.85	16.00
	其他	占比（%）	23.73	19.51	22.00
	总计	计数	118	82	200

表2-25显示，对于所在村举办过的培训，56.5%的被访者认为举办过

农牧业实用技术培训，38.5%的被访者认为举办过就业创业技能培训，19.5%的被访者认为举办过动物防疫培训，16%的被访者认为举办过党建知识培训，7%的被访者认为举办过科技培训。

表 2-26 产业特点与性别交互表

			Q1：性别		
			男	女	总计
B7：农村产业发展中产业应该有的特点	产业发展前景好，经济效益高	占比（%）	70.34	74.39	72.00
	乡村产业质量，持续增长力强	占比（%）	40.68	40.24	40.50
	彰显地区特色，体现乡村价值	占比（%）	45.76	45.12	45.50
	形成乡村品牌，具有产业影响力	占比（%）	32.20	21.95	28.00
	其他	占比（%）	6.78	7.32	7.00
	总计	计数	118	82	200

表 2-26 显示，对于被访者认为农村产业发展中产业应该有的特点，按照降序排列依次为产业发展前景好，经济效益高 72%；彰显地区特色，体现乡村价值 45.5%；乡村产业质量，持续增长力强 40.5%；形成乡村品牌，具有产业影响力 28%；其他 7%。可见，在被访者眼中，经济效益是第一位的，其次是地方特色。质量和品牌排在了后面。

表 2-27 农村产业发展与性别交互表

			Q1：性别		
			男	女	总计
B8：农村产业发展需要重视的方面	对接县域的产业发展	占比（%）	50.00	36.59	44.50
	加强各产业之间的联系	占比（%）	40.68	32.93	37.50
	发展绿色产业	占比（%）	50.85	57.32	53.50
	发展地域特色产业	占比（%）	51.69	43.90	48.50
	其他	占比（%）	11.02	17.07	13.50
	总计	计数	118	82	200

表 2-27 显示，当被访者被问及"农村产业发展需要重视的方面"时，回答按降序排列依次是发展绿色产业 53.5%、发展地域特色产业 48.5%、对接县域的产业发展 44.5%、加强各产业之间的联系 37.5%、其

他 13.5%。

表 2-28 农村产业发展变化与性别交互表

			Q1：性别		
			男	女	总计
B9：农村产业发展带来的变化	促进经济发展	占比（%）	76.27	62.20	70.50
	改善生态环境	占比（%）	31.36	37.80	34.00
	合理配置资源	占比（%）	27.97	34.15	30.50
	增加农民收入	占比（%）	83.05	74.39	79.50
	其他	占比（%）	3.39	4.88	4.00
	总计	计数	118	82	200

表 2-28 显示，当被访者被问及 "农村产业发展带来的变化" 时，回答按降序排列依次是增加农民收入 79.5%、促进经济发展 70.5%、改善生态环境 34%、合理配置资源 30.5%、其他 4%。

表 2-29 农村产业发展的困难与性别交互表

			Q1：性别		
			男	女	总计
B10：推动农村产业发展的困难	思想观念薄弱，人才不足	占比（%）	76.27	68.29	73.00
	地理环境制约	占比（%）	27.97	26.83	27.50
	缺少项目投资	占比（%）	55.08	37.80	48.00
	生产技术落后	占比（%）	50.85	50.00	50.50
	不清楚	占比（%）	11.02	14.63	12.50
	其他	占比（%）	2.54	2.44	2.50
	总计	计数	118	82	200

表 2-29 显示，当被访者被问及 "推动农村产业发展的困难" 时，回答按降序排列依次是思想观念薄弱人才不足 73%、生产技术落后 50.5%、缺少项目投资 48%、地理环境制约 27.5%，表示不清楚的被访者占比 12.5%。

表 2-30 农村产业发展政府行为与性别交互表

			Q1：性别		
			男	女	总计
B11：农村产业发展过程中政府最应该做的事情	大力宣传农村产业发展	占比（%）	31.36	28.05	30.00
	为农民提供技术服务	占比（%）	50.85	52.44	51.50
	帮助农民招商引资	占比（%）	50.85	43.90	48.00
	鼓励乡村人才创业	占比（%）	27.97	37.80	32.00
	政府组织规模化产业	占比（%）	24.58	21.95	23.50
	完善基础设施建设	占比（%）	31.36	29.27	30.50
	不清楚	占比（%）	5.08	4.88	5.00
	其他	占比（%）	4.24	1.22	3.00
	总计	计数	118	82	200

表 2-30 显示，被访者认为农村产业发展过程中政府最应该做的事情依次是为农民提供技术服务 51.5%、帮助农民招商引资 48%、鼓励乡村人才创业 32%、完善基础设施建设 30.5%、大力宣传农村产业发展 30%、政府组织规模化产业 23.5%。

表 2-31 对乡村振兴战略中要求的兴趣与性别交互表

			Q1：性别		
			男	女	总计
B12：对乡村振兴战略中的哪个要求感兴趣	产业兴旺	占比（%）	57.63	45.12	52.50
	生态宜居	占比（%）	34.75	41.46	37.50
	乡风文明	占比（%）	34.75	40.24	37.00
	治理有效	占比（%）	19.49	15.85	18.00
	生活富裕	占比（%）	66.10	63.41	65.00
	总计	计数	118	82	200

表 2-31 显示，被访者对乡村振兴战略中的要求感兴趣的内容依次为生活富裕 65%、产业兴旺 52.5%、生态宜居 37.5%、乡风文明 37%、治理有效 18%。

（五）困难与建议

表 2-32 农村产业发展中存在的问题与性别交互表

			Q1：性别		
			男	女	总计
C1A：农村产业发展中政策、人、产业等方面存在的问题	基础设施薄弱、缺乏相应技术	占比（%）	7.63	4.88	6.50
	人口流失、劳动力不足、人才缺乏	占比（%）	20.34	18.29	19.50
	政策制定规划不健全	占比（%）	5.08	2.44	4.00
	产业结构不合理、缺乏支柱产业	占比（%）	7.63	10.98	9.00
	村民文化程度不高、视野范围小	占比（%）	5.93	6.10	6.00
	村干部工作不到位	占比（%）	5.93	1.22	4.00
	缺乏销售渠道	占比（%）	4.24	8.54	6.00
	政策宣传不到位、实施有问题	占比（%）	21.19	18.29	20.00
	缺乏资金	占比（%）	5.93	2.44	4.50
	不清楚	占比（%）	15.25	18.29	16.50
	无	占比（%）	24.58	23.17	24.00
	扶持力度不够	占比（%）	5.93	3.66	5.00
	其他	占比（%）	7.63	4.88	6.50
	总计	计数	118	82	200

表 2-32 显示，整体上看，被访者认为所在村农村产业发展中政策、人、产业等方面存在的问题依次是政策宣传不到位、实施有问题 20%，人口流失、劳动力不足、人才缺乏 19.5%，产业结构不合理、缺乏支柱产业 9%，基础设施薄弱、缺乏相应技术 6.5%，缺乏销售渠道 6%，村民文化程度不高、视野范围小 6%，扶持力度不够 5%，缺乏资金 4.5%，村干部工作不到位 4%，政策制定规划不健全 4%；而回答"无"的被访者占 24%，回答"不清楚"的被访者占 16.5%，说明被访者受自身认知能力的限制，对农村产业发展没有清晰的思路和认识，对其中的困难和问题也没有思考或者根本不关心。

表 2-33　对农村产业发展的建议与性别交互表

			Q1：性别		
			男	女	总计
C1B：对农村产业发展中政策、人、产业等方面的建议	招商引资、加大资金支持	占比（%）	9.57	2.44	6.60
	开展技术培训	占比（%）	13.04	4.88	9.64
	合理规划产业结构、发展支柱产业	占比（%）	6.09	12.20	8.63
	加强政策宣传	占比（%）	8.70	8.54	8.63
	落实政策、制定长期规划	占比（%）	18.26	10.98	15.23
	引进人才	占比（%）	17.39	7.32	13.20
	产销一体化发展	占比（%）	3.48	8.54	5.58
	因地制宜发展	占比（%）	5.22	3.66	4.57
	无	占比（%）	46.96	53.66	49.75
	发展当地特色产业	占比（%）	3.48	3.66	3.55
	其他	占比（%）	3.48	3.66	3.55
	总计	计数	115	82	197

　　表 2-33 显示，当问及"对农村产业发展中政策、人、产业等方面的建议"时，49.75% 的被访者表示"无"。通过深度访谈得知，被访者受自身能力所限，对致富的热情很高，但对具体如何致富、如何参与产业发展、如何在产业发展中获利等问题缺乏思考和思路，投资风险承受能力弱；有些人安于现状；还有些人明确表示反对农村产业发展，认为给他们带来了负担。50.25% 的被访者给出的建议依次是落实政策、制定长期规划15.23%，引进人才13.2%，开展技术培训9.64%，合理规划产业结构、发展支柱产业 8.63%，加强政策宣传 8.63%，招商引资、加大资金支持6.6%，产销一体化发展5.58%，因地制宜发展4.57%，发展当地特色产业3.55%。此问题缺失值为3，有3位被访者没有回答。

表 2-34　目前面临的最大困难与性别交互表

| | | | Q1：性别 | | |
			男	女	总计
C2：您目前面临的最大困难	收入问题	占比（%）	27.12	20.73	24.50
	结婚难	占比（%）	4.24		2.50
	养老问题	占比（%）	1.69	3.66	2.50
	住房问题	占比（%）	3.39	1.22	2.50
	就业问题	占比（%）	15.25	18.29	16.50
	交通问题	占比（%）	2.54	2.44	2.50
	不懂政策	占比（%）	4.24	4.88	4.50
	不懂产业技术	占比（%）	5.93	6.10	6.00
	教育问题	占比（%）	2.54	8.54	5.00
	医疗问题	占比（%）	1.69	4.88	3.00
	资金问题	占比（%）	16.95	9.76	14.00
	没有	占比（%）	21.19	21.95	21.50
	产业问题	占比（%）	3.39	0	2.00
	其他	占比（%）	3.39	6.10	4.50
	总计	计数	118	82	200

表 2-34 显示，当问及"您目前面临的最大困难"时，24.5%的被访者表示最大困难是收入问题，21.5%的被访者表示"没有"，16.5%的被访者表示最大困难是就业问题，14%的被访者表示最大困难是资金问题，6%的被访者表示最大困难是不懂产业技术，5%的被访者表示最大困难是教育问题，4.5%的被访者表示最大困难是不懂政策，3%的被访者表示最大困难是医疗问题，2.5%的被访者表示最大困难是结婚难（都是男性），2.5%的被访者表示最大困难是养老问题，2.5%的被访者表示最大困难是住房问题，2.5%的被访者表示最大困难是交通问题，2%的被访者表示最大困难是产业问题。

表 2-35　所在村未来发展方向与性别交互表

			Q1：性别		
			男	女	总计
C3A：您认为所在村未来的发展方向	农旅一体化发展	占比（%）	5.13	3.66	4.52
	发展农业种植业	占比（%）	24.79	32.93	28.14
	发展养殖业	占比（%）	12.82	13.41	13.07
	发展生态产业	占比（%）	5.13	6.10	5.53
	发展工业	占比（%）	3.42	2.44	3.02
	发展旅游业	占比（%）	17.95	14.63	16.58
	发展文化产业	占比（%）	0	2.44	1.01
	不清楚	占比（%）	29.06	31.71	30.15
	发展地方特色产业	占比（%）	9.40	2.44	6.53
	发展新型产业	占比（%）	0.85	2.44	1.51
	产业与政策相结合	占比（%）	3.42	0	2.01
	其他	占比（%）	5.98	3.66	5.03
	总计	计数	117	82	199

　　表 2-35 显示，当问及"您认为所在村未来的发展方向"时，回答依次是不清楚 30.15%，发展农业种植业 28.14%，发展旅游业 16.58%，发展养殖业 13.07%，发展地方特色产业 6.53%，发展生态产业 5.53%，农旅一体化发展 4.52%，发展工业 3.02%，产业与政策相结合 2.01%，发展新型产业 1.51%，发展文化产业 1.01%。此问题缺失值为 1，有 1 位被访者没有回答。

表 2-36　判断所在村未来发展方向的依据与性别交互表

			Q1：性别		
			男	女	总计
C3B：判断所在村发展方向的依据	自身地理环境	占比（%）	26.72	15.85	22.22
	自身产业基础	占比（%）	11.21	8.54	10.10
	为了促进就地就业	占比（%）	3.45	2.44	3.03

		Q1：性别		
		男	女	总计
政策支持	占比（%）	1.72	7.32	4.04
交通便利	占比（%）	3.45	0	2.02
提高经济收入	占比（%）	14.66	9.76	12.63
无	占比（%）	43.97	54.88	48.48
根据市场需求	占比（%）	0.86	1.22	1.01
其他	占比（%）	3.45	3.66	3.54
总计	计数	116	82	198

表2-36显示，被访者判断所在村发展方向的依据依次是自身地理环境22.22%，提高经济收入12.63%，自身产业基础10.1%，政策支持4.04%，为了促进就地就业3.03%，交通便利2.02%，根据市场需求1.01%。表示没有依据的被访者占比48.48%。此问题缺失值为2，有2位被访者没有回答。

第三章 贵州农村产业发展赋能乡村振兴战略的典型访谈实录及分析

本部分内容曾经考虑过不一一列举典型案例，而是先建立分类框架，把典型案例中的相关支撑内容放在分类框架中佐证观点。考虑到这样做的后果是虽然形式上更符合学术规范，但会隐藏和筛选掉很多被访者相关的背景信息，而这些背景信息（比如性别、年龄、民族、职业、家庭基本状况等）正是他们对农村产业发展持所表达态度和做出实际行为的重要信息。所以，经过慎重考虑，最终选择以直接陈列被访者访谈实录的形式展现这部分内容。当然，由于篇幅原因，这里只呈现了部分典型的被访者案例，但后面进行总结分析时，还是考虑到了所有被访者的整体情况。

一、贵州农村产业发展中国家公职人员典型访谈实录及分析

本部分重点描述和分析 7 个市（州）20 个田野点 200 位被访者中国家公职人员视域中的贵州农村产业发展与乡村振兴战略。把国家公职人员按照支持态度、不支持态度、无所谓不关心态度进行分类整理分析，以期整体上对国家公职人员的态度和认知有清晰的认识和判断。

（一）支持态度

由于访谈实录整理内容较多，本部分没有全部列举访谈内容，只选择

有典型代表意义的被访者实录呈现。这里的代表意义指两个方面。一是访谈地点的代表性，呈现的访谈实录涵盖了调研的 7 个市（州），分别是黔东南苗族侗族自治州、黔南布依族苗族自治州、遵义市、毕节市、铜仁市、仁怀市、盘州市。二是被访者职业的代表性。职业涵盖贵阳市机关单位公务人员、县城公务员、乡长、乡政府干部、村第一书记、村委会主任、村委会干部、驻村干部、小学教师、中学教师、退休教师等。下面依次呈现这些被访者的访谈实录。

黔东南苗族侗族自治州镇远县舞阳镇焦溪乡一名 37 岁男性被访者，镇远县城人，驻村干部。从 2017 年开始就作为扶贫工作者来到这里，之前在镇远县的单位工作。几乎住在村子里，平时周末才回家，家里有一个上小学的孩子，平时由他妈妈带。"脱贫攻坚这几年，我觉得乡村发生了很大的改变。之前刚来的时候，路都是坑坑洼洼的，老百姓们的生活用水也不方便，要去河边打水，厕所也非常不卫生。现在国家政策好，投入了大量的资金，铺了柏油路，家里面直接开水龙头就能用水，厕所是抽水式的。"在日常生活中，他作为一名共产党员经常关注时事政治，对农村产业发展十分了解。"因为贵州的地势陡峭，阴雨天较多，为此特别找了专家进行考察，看适合种什么，平时除了一些蔬菜之外，也有种果树的。有时候菜卖出去，政府有专门的渠道处理这些产品，保证老百姓不会亏一分钱。比起以往的生活来说，这的确发生了翻天覆地的变化，现在很多贫困户有医疗保险，大家生病了也不怕花很多钱，国家能报销一大半。养的这些猪、牛、羊，种植的蔬菜、果树都是直接给老百姓幼崽和种子，的确让他们的生活越过越好了。"他认为在发展中要注重绿色生态发展，发展当地特色产业，加强县域的联系。农村产业改革的目的就是要促进经济发展，提高农民收入，让他们有事儿做，有钱赚。目前最大的困难是大家的文化水平低，没有合作观念。其次是地理环境偏僻和技术落后，只能开展小农经济。还有就是能够就地发展的项目不多，投资力度不够。他认为政府应该大力宣传，为农民提供技术，同时也要留住人才。他指出，目前国家支持的力度很大，政策优惠也很多，给了贫困百姓许多补贴。但想要真正扶贫必须先扶志气，大家的思想觉悟需要提高。村子未来的发展方向应该要开创新型小微企业。

　　黔东南苗族侗族自治州镇远县舞阳镇焦溪乡一名48岁女性被访者，目前是猛溪村的一名帮扶干部，已在此帮扶三年。"我在这三年的扶贫经历中，有过喜也有过忧。忧愁的是，有时候百姓工作很难做，也不太理解支持我们。比如交养老保险，虽然一年只是100元，但很多人都不愿意交。大家更关注社会给予的福利政策，有点依赖于国家和政府。所以，扶贫的过程中，扶志更是关键。比较开心的事情是，这几年村子里有了很多变化，例如厕所，之前很多家庭都采用的是茅房，一到夏天蚊子到处飞，使得病菌传播。但现在家家户户都安上了抽水便池，一定程度上解决了卫生问题。现在猛溪村的公路实现了村村通，网络也是家家户户都有，基本生活用品以及彩电购买方面都给予了很多的政策优惠，百姓的生活越过越好。"她表示2018年初，贵州提出"来一场振兴农村经济的深刻的产业革命"，这让刚刚摘帽的贫困县迎来了新的挑战，贵州地势崎岖，气候阴沉，想要做出一条独特的经济链需要巨大的付出。对于猛溪村而言，年轻的劳动力大都已经外出打工，家里剩余的大都是老人和小孩，只有将产业发展带进家门口，才能留住劳动力。猛溪村目前还是以农作物为主，而且都是小面积的小农经济，没有机械化、规模化的固定种植。猪仔还有家禽都是由政府直接发配养殖，勤劳的人家产值会不错，懒惰的人家可能这些家禽都死了。这几年的鸡瘟、猪瘟给贫困百姓造成了负担，这些问题必须要解决到位，才能更好地促进经济的发展。她认为农村产业发展就要决战脱贫攻坚、决胜同步小康，构建城乡融合发展格局。"目前最大的不足是百姓的思想意识薄弱，缺少项目的投资，生产技术落后。政府需要大力宣传产业发展，为农民提供技术服务，招商引资。"最大的困难是要使所有贫困人口实现稳定持续小康。她认为本村的发展方向是打造特色文化品牌。

　　黔东南苗族侗族自治州施秉县城关镇舞阳村一名37岁男性被访者，本科毕业，中共党员，与妻子都是县城的公务员，家庭年总收入10万元左右。他表示，为了脱贫攻坚、全面建成小康社会，国家是下了大功夫的，作为一名公务人员，自己深有体会。"农村产业发展是为了促进乡村振兴战略而必须实行的一个过程，全面脱贫是乡村振兴战略的一个前提。脱贫工作开展，让每一位国家公务人员都全面参与进来，并不是各级下发信息传达那么简单，而是切切实实的与贫困人员接触，去了解他们的需求，从而提供对应性的帮助。在这个过程当中，脱贫的方法多样，农村产业发展是个辅助性的手段，一是为了让农民提高收入，二是给了农民一个生存的技术，这是一个可持续发展的手段。我亲眼见证了家乡的一步步发展，从无到有，从点到面，一步接着一步打好每一个基础，不会出现吃不饱穿不暖的农民，也不会放弃任何一个百姓。当然，农村产业发展涉及的人多、地域复杂，许多问题还是存在的。"他说道，"我们村面临着三大问题。一是产销对接体系薄弱。产业生产具有时效性，错过种植期，只能等来年，错过销售黄金期，产品就卖不出好价钱，甚至烂在地里，所以政府的引导对于农民增收具有至关重要的作用。如本村农民李女士说，去年她们辛辛苦苦种了一年的毛豆，由于摘的速度比别人慢，商家来统一收购，量满后就不要她的毛豆了，后来她的毛豆就自己拿去镇里面卖，卖不完。二是不能因地制宜种植。我们镇为促进农民增收，采取苗、种无偿发放形式，由农户自主选择栽种，助推产业稳固健康发展。但是选择过于自由，便会产生某些不科学的种植。如本村农民王先生说，大家见对门山村的都种茶叶，茶苗又是免费的，就在自己家的荒坡上栽，但是那个环境种茶叶不得行，太阳大又没有水源。三是技术培训转化为实际操作的能力弱。农民的种养殖技术大都沿用过去老一辈总结的经验，对新技术使用培训参与的热情高，但在实际操作中，还经常不知所措。在信息越来越发达的今天，很多农户在抖音、快手、微信等信息平台上见到各农业示范点的种植后惊呼农业也能有这么多收入。所以在我们村开展的农技培训课堂上，场场爆满、课课留堂、次次加课，农户学习积极性极高。相信在一步步的努力下，农村产业发展定会给农民带来一定的好处，最终会助推乡村振兴战略。"作为国家公务员，他是农村产业发展引领者中的一员，不管是脱贫攻坚、全面建成小康社会还是乡村振兴，都只有一个目的，希望每个人都能过上好日子。对于当前的发展，更需要贴合农民的需求和能力来开展，不能一味只顾成效，也要考虑农民的感受，大力去宣传，让老百姓能够更好地了解农村产业发展政策，让他们更多地主动参与进来。最后他认为本村交通方便，通高速公路，临近自然河流，风景迷人，可以往旅游住宿餐饮方面发展。

　　黔东南苗族侗族自治州凯里市碧波镇先锋村一名26岁的女性被访者，本科学历，职业是教师，先锋村本地人，居住地城镇，家里父母做生意，家庭年收入20万元左右。"农村产业发展推动了乡村战略的实施，推进了农村农业的可持续发展。虽然我在外地上班，但每次回家来总能看到一些变化，一个个菜棚搭建，一条条机耕道修建，现在种植农业比前几年好太多了，农民的收入提高了，幸福指数也提高了。"她认为在农村产业发展中也存在一些问题，比如缺乏专业技术人员，农民的抗风险意识不强，需要专业的人员来指导，在生产技术方面也需要大量的指导人员，并且认为该村缺乏合适的项目投资。她认为政府应该为农民提供技术服务，帮助农民招商引资，完善基础设施。在谈论到农村产业发展政策、人、产业存在哪些问题时，她认为最大的问题在于农民，农民本身文化水平不高，学习新事物的能力不强，难以接受现代化、机械化的农业生产方式。政府应该加强组织农民学习，学习更多适应现代化的技术。她表示自己目前没有太大的困难。她认为该村未来将向农业现代化、机械化发展，农民的生活水平将会越来越高。

　　黔南布依族苗族自治州荔波县瑶山乡巴年村弄拉组一名37岁男性被访者，瑶山乡乡长，大学本科（毕业于贵州民族大学），居住在瑶山乡，工资收入稳定。"收入8万—10万元，因为属于公务员，工资收入稳定，近三年来有所提高，但变化不明显。现在巴年村主要发展种植业，本地的特色种植业是漳江蜜柚、血橙、沃柑、种桑养蚕，养殖业主要是瑶山鸡、黑毛猪，旅游业也是目前及未来该村发展的龙头产业。"他对所在村的发展比较满意，他觉得产业发展很好，发展前景不错，农村产业发展对农民经济收入增长、合理配置资源、改善生态环境是有明显提高的。"村里能发展起来，交通的发展是最核心的要素，然后是国家出台的政策大力扶持了瑶山，各级本地资源的优势得到一定的开发。瑶山的发展带动了当地老百姓的经济发展，带动产业的发展，同时因为乡村的治理对乡村环境改善有了明显的进步。"他表示，基层政府组织了种植养殖管理培训，种植业种桑养蚕培训，养殖业养猪养鸡实用技能培训，组织了就业创业培训，因为瑶山要发展旅游业，组织当地百姓旅游服务培训和厨师技能培训，为未来的旅游产业发展提供服务性的培训。他认为，要发展当地的产业，就需要彰显瑶山少数民族古寨、大小七孔等景区的特色，体现乡村独特的文化价值，同时需要重视对接县域的产业发展、全县域的旅游特色发展，持续发展绿色产业。同时他表示，因为贵州喀斯特地貌的地质环境影响，瑶山属于深山区，土地破碎稀薄，地理环境制约了农村的产业发展，因此，通路修高铁、修桥等基础设施的建设是必要条件。"目前村里有劳动能力的青壮年大都到县城或者外地打工了，留守的老龄人多，因病因残丧失劳动力留在村里的占弱势群体多数。因此，人才的缺失和思想观念的薄弱是制约产业发展的一大因素。村里的发展要靠人才，靠科技型的人才，需要懂经济、懂市场的人才注入，促进当地农民种植和养殖产品与市场的良好对接，有优质的销路，通过近些年土地的转让，技术人才的帮护，提升农产品质量，初步建立产品品牌"。同时，希望政策一如既往的支持产业发展，加大基础设施建设的力度。遇到最大的困难是村里土地少、山多、地理环境制约因素大，因此，做不了大规模产业，需要精准产业的投入。他认为村里未来发展是以旅游业为龙头产业，辅助种植业协同发展。

黔南布依族苗族自治州荔波县瑶山乡巴年村弄拉组一名32岁男性被访者，巴平村村委会主任，文化程度初中，现居住地在瑶山乡巴年村弄拉组，家庭年收入5万元左右。"当前巴平村主要发展种植业、养殖业，主要是种油茶、花椒、种桑养蚕，以及发展旅游观光住宿业。但是，目前高铁未通、桥梁未建成，旅游业发展起步还是比较缓慢。"他积极参与了巴平村的产业发展，自己也是易地扶贫搬迁户。他认为产业发展就是要实施乡村振兴战略和增加当地农民的收入，对现在村里的发展非常满意，觉得发展挺好。他认为巴平村产业发展好的重要原因是政策的大力扶持和修好的通往县城的路。自精准扶贫以来，近三年家庭收入大幅度增加。村里组织举办了养殖培训、护林员就业培训、新市民化培训、电商培训，主要是教当地农民在网络上销售本地生产的土地瑶山鸡、黑山羊等特色产品。他认为要发展当地的农村产业就要彰显地方特色，瑶山瑶族是保留最完整的民族，有着明显的民族文化特色，因此发展产业就要对接好荔波县域的产业发展和地域特色，发展绿色产业如当地的瑶山鸡、黑毛猪。"自乡村振兴战略以来，经济发展起来了，农民收入增加、生态环境得到明显改善，家家都是漂亮的独栋木屋。但推动农村产业发展的最大的困难是瑶山多山、位置偏，当地百姓并没有掌握发展其他产业的技能和科技人才匮乏，因此希望政府帮助农民招商引资，企业带动当地就业，鼓励乡村人才创业，现在读过书的大学生就往城市流入，吸引他们返乡创业；通路也极其关键。"他认为扭转当地农民的意识尤为关键，需要加大培训，引进龙头企业，带动规模化产业。他认为瑶山未来的发展就是大力发展旅游业，打出特色品牌的黑毛猪。

　　黔南布依族苗族自治州荔波县瑶山乡巴年村弄拉组一名26岁女性被访者，村干部，大学本科学历。"我目前在村委会工作，但也想考荔波县的公务员。家庭年收入5万多元，较三年前有所增加。瑶山乡巴年村深处深山，土地贫瘠，而且这里都是易地扶贫搬迁，回不到原来的地方种地，土地有限，目前村里最好的就是发展各家各户散养养殖，没有规模化，养殖黑山羊、黄牛、瑶山鸡、黑毛猪。种植沃柑、蜜柚、花椒。"她积极参与到产业发展的工作中，做宣传引导工作动员群众。她认为现在村里的产业发展一般，想发展种植业，但深石山、土壤不肥沃只能更多的发展养殖业，村里发展主要还是靠政策的支撑。她有参与过挖机培训，带群众到贵阳参加各种培训，有厨师培训，种植业沃柑、花椒培训，还有电子商务、网络直播带货培训等。她认为发展农村产业要跟着政策走，对接好县域的产业发展、发展地域特色产业，同时在瑶山地区发展产业要注重形成少数民族瑶族的乡村品牌，生产有影响力的产品，发展瑶族土布蜡染，传承发展瑶族服饰。她认为农村产业发展提高了农民的收入，也合理配置资源，如土地稀缺就发展养殖业，也可用养殖业的粪便肥沃土壤。"政府应该加强培训力度，因为农民的文化水平还是比较低的，需要干货又核心的培训，提供技术指导和服务，帮助农民招商引资，帮助乡村人才创业。村里现在最大的问题就是地理环境制约和群众思想意识落后，人才不足，还有就是担心村委鼓励群众种植养殖后的销路问题，返销对接中遇到困难，怕农民花了时间力气后收入不见涨。所以希望未来的发展是多考虑群众的就业问题，以及后续产业的发展和衔接市场的道路。"

　　黔南布依族苗族自治州罗甸县沫阳镇沫阳村一名53岁男性被访者，沫阳村当地人，高中学历，现在是沫阳村七组的组长，是一名中共党员。家里三口人，没在县城买房，都住在本村，他和妻子在家务农，孩子在贵阳读大学。"我兼职做森林火灾防守员和帮老板监管蔬菜种植，所以工资要比爱人高一些，一年下来两个人的工资差不多 3 万元。我觉得我们村目前重要的产业是种植业，我也参与了其中。沐阳村投资了 30 万元做蔬菜种植。政府这些年积极作为都是为了农民能过上好日子，这些战略的提出是为了增加农民收入。政府的资金、技术投资加上本村交通便利，使本村的蔬菜产业发展得比较好，蔬菜大都运到贵阳、广州等各大城市去卖。"他对本村产业表示非常满意，如果沐阳村不弄这些，这些地就荒废了，很多人不愿意种地而去打工，地就可惜了，现在一亩地承包价是 1200 元。"村里有过百香果嫁接技术培训及养猪、养鸡培训，每个星期我们党员都到村政府那里进行党建知识培训。近两年没有养猪养鸡培训了，因为会有鸡瘟、猪瘟。政府应该有一些肥料和农药使用的培训，现在农民们洒农药全凭感觉，如果看到苗发病就乱打药，打得好就开心，不好就没收入。""收入没多少变化，给老板打工一天 80 元。以前种玉米，农民能卖出 1 元多一斤，现在不种玉米了，但有人种四季豆，3—4 元一斤，几个月收入差不多几万元，农民自己种也能赚钱，有时比来这里给老板打工赚钱还多。来老板这里打工的人几乎年龄都比较大，他们去外地打工没人要，做其他的事也做不了。"他们村的"早熟蔬菜"一直很出名，如果打响这个名称肯定会发展得更好。他认为，农村产业要发展得好的话必须有技术支持，光说虚的打广告、弄采访作用不大，要做就做实。政府理应给农民提供技术培训，不能靠感觉种植，经验很重要，但是要有技术，他说政府应该多叫老板来他们村搞种植，或是提供优惠政策让他们本村人自己回来创业搞大规模种植。"政府要搞产业发展，应该多做农民的思想工作，多宣传，要不然没读过书的都不知道是怎么回事，接触土地的也刚好是他们，所以必须要加大功夫。"在谈论到该调查对象觉得农村产业发展中政策、人、产业等方面存在哪些问题时，他说技术和政策要落实，不能空说，要实际。他认为自己目前面临最大的困难是缺乏种植和农药培训，因为自己做监管，不好控制，有时不知道采取什么措施。最后他认为本村未来发展方向是继续发展蔬菜种植。

黔南布依族苗族自治州罗甸县凤亭乡一名 23 岁男性被访者，2020 年 7 月毕业于贵州大学，同年 10 月到凤亭乡政府上班，其工作职责是党建资料整理和乡文化建设。"凤亭乡距罗甸县城的距离不是很远，但是路不好走，一直绕着山地，坐客车要两个半小时，每个星期都是周五下午才回县城居住。我的工资收入加父母的收入一年4万元左右。"他认为所在村重要的产业是种植业，他们工作人员会到农民家里普及党和政府的政策。他参与了所在村的产业发展，关于农村产业发展，他第一反应是说出了"村社合一"，他认为这种合作社革新也是农村产业发展的一部分。"国家、政府的这些做法都是为了让农民们能过上富裕的生活，打造出新农村、新面貌，农村产业发展是为了乡村振兴战略的实施、构建城乡融合发展，并推进农村的可持续发展举措。村子以种植百香果为主，2014年就开始了，全乡大规模种植，政府也有资金帮扶。2020年凤亭乡又引进了金花茶，现在这两个产业是这个乡的主导产业，发展得比较好，几乎在村里的农民有劳动能力的都参与了进来。"他认为该村以后可能要发展旅游观光，建设百香果、金花茶的观光园，政府如果继续支持再引进一些现代农业技术肯定能发展得更好。"村里会举办动物防疫培训以及农业种植培训，当然也会有党建知识培训。每当国家、政府有涉及农民利益的相关文件时，乡政府会下达消息给村政府，村村都要普及向农民解释。每个乡、村关于产业发展的具体措施都不相同，"村社合一"就是凤亭发展好产业的一种组织方式，要发展好产业一定要根据当地的实际情况选择适合的产业，并要有技术支持。"他认为农村产业发展可以使农民们的就业渠道增加、农民参与度提升，从而增加农民收入，促进经济发展。他一直强调技术、人才、交通方面的不足，特别是交通问题，他认为道路狭窄不宜电商的发展，很难以低成本的价格销售出去，他希望政府派一些工作能力强的、有农业技术的工作人员下乡，帮扶产业的发展。在谈论到农村产业发展中政策、人、产业等方面存在哪些问题时，他认为，政策要结合实际情况，政府应该派工作能力强的各方面人才来助推产业发展，选择产业时要看适不适合当地。此外，他面临的最大问题是县城与村子间的道路交通问题，以及村子果子的产销对接。最后，他认为本村未来发展方向是走特色产业、旅游观光业，理由是产业越做越大，相关产业也会相继发展起来。

黔南布依族苗族自治州三都水族自治县中和镇新阳村蓝领组一名20岁男性被访者，初中毕业后外出打工两年，目前的工作是交通警察。加上他父母偶尔外出赚钱，他们家的年总收入在5万元左右。"我有一个姐姐和哥哥，姐姐已经嫁人，但是哥哥26岁还没有结婚，父母也都还健康。我从小成绩就不好，读书时就特别闹，觉得读书没意思，一心想出去，初中毕业后就去了广东进厂，那时才16岁，年纪小大厂还不要人。在广东混了两年，自己比较懒，所以就回家了。后来又去浙江在工地打工，半年就做不下去了。家人让我回家准备体检参军，我个子高大，但是体检还是没过，当兵也不成。去体检的时候认识了一个人，后来介绍我到县城当了交通警察，然后就一直做交通警察到现在。做交警挺累的，但是做一天就可以休息一天挺好，我比较满意这份工作。一个月的工资是2500元，每个月的钱基本都不够吃喝住，节约一点才勉强够用。"他父母都在家种田，也没什么收入，但是每年卖一点闲米也够他们开销。对于农村产业发展，他觉得村子的田地就应该种水稻和玉米，现在交通比较方便，较偏远的地就应该种李子树或者橘子树，果树需要打理的时间比较少，不能外出工作的老人也都可以种植，既可以合理利用资源，又可以增加收入。他说，"如果能更专业化的种一些东西更好了，这样就比在家种植水稻和玉米强，但是自己文化不高，不懂种植业，所以也只能出来找工作。"他希望政府能多多宣传，多扶持，规划出比较有前景的、经济效益高的产业，大家一起做，也希望有文化的大学毕业生们多回乡工作，多为不懂的农民提供技术服务，鼓励乡村群众创业等。

遵义市红花岗区新舟镇绿塘村一名23岁男性被访者，本科学历，2020年刚从大学毕业，目前在贵阳工作，是一名机关单位的公务人员，节假日回村里住，平时就在贵阳，年收入5万元左右。"我2020年大学毕业考上单位公务员，除上班时间平时居住在农村，父母外出务工，家庭经济良好。村里主要的支柱产业是旅游业和种植业、养殖业，产业发展应该注重产业的可持续性，带动当地居民发展，打造旅游业特色品牌，提升知名度，吸引外来投资项目。尽管旅游业前段时间发展向好，但是由于政府的不重视以及当地劳动力外流、缺乏管理人才、缺乏资金的可持续周转，产业发展潜力又一度下降。"他并没有参与当地的产业发展，但对农村的产业发展有一定了解，并且对国家政策、当地政策有所了解。他认为农村产业发展对于带动当地经济发展有一定积极作用，是增加农民收入、实施乡村振兴战略、决胜脱贫攻坚、决胜全面建成小康社会的重要过渡，但是由于人们接受程度有限，缺乏自觉性，产业发展还有待深化。他说作为国家机关单位的公务人员，希望各级政府能重视国家政策，推进政策落地，切实关心百姓民生，把绿塘村打造成一个产业兴旺、乡风文明的温馨花园。访谈过程中，提及农村产业发展的政策、人和产业问题及建议时，他针对人、财方面提出了社会诉求，认为专业人才不足，年轻劳动力外流，引进的项目少并且缺乏资金，政府不够重视农村产业发展，自身能力有待进一步提升。希望政府重视起来，加大财政，发挥力量招商引资。他目前最大的困难就是城里的住房问题未解决，他认为他们村的发展方向应该加大基础设施建设力度，引进项目投资，引进专业人才，打造旅游品牌。

遵义市红花岗区新舟镇绿塘村一名69岁男性被访者，高中学历，是一名退休教师，退休后一直住在当地，收入在八万元左右。儿子和女儿都已结婚。"当地环境优美，空气清新，适合养老生活，我有退休工资维持自己的生活，我和老伴除了高血压都没有什么大病，生活负担不重，平时也经常在村里散步。"他表示对国家政策和农村产业发展也有一定了解，他说他作为教育行业的一个老兵，也积极关注本村的发展，认真学习国家的政策，并且把当地的产业发展和国家的政策结合起来看问题，认为产业发展的目的不仅是要促进当地的发展，主要还是要造福人民，为百姓解忧，为农民创收。"这次的旅游业发展政府是花了钱的，但是光花钱不行，后面的发展还要钱，还要管理，还要人才，只是光开个头是不行的。旅游业发展主要依靠管理，有良好的资源也要运用起来，把资源变成钱分给百姓，不是说继续投资。农民忙碌一年到头就是要看到钱才踏实，所以这个产业不光是修了给人看，还要转化成价值，政府要在口号上喊得大声，更要在行动上动起来，把产业管理好了，自然就有源源不断的游客来了，时间久了品牌就做起来了，就是年轻人现在说的网红打卡景点了，产业好了，老百姓日子才会好。现在当地的劳动力都出去了，可以制定个政策嘛，把年轻人招回来好好培训，建设自己的家乡，这是养他们的土地，现在他们就该反哺自己的家乡了，人才是最重要的资源，政府想想怎么才能留得住人才，好好地建设一支人才队伍，管理好旅游业，促进农村的可持续发展。年轻人要知道，人要勤奋，不能懒惰，不能有投机取巧的心理，要踏踏实实地做，现在的政府人员有可能有我的学生，要是他们愿意再听我好好讲讲，我一定会让他们在政府做出一番大事，一定把这个家乡建设好，党建知识培训是针对党员群体的，百姓的文化程度不高，不是每个人都是大学生，不要宣传一些和他们没关系的道理，就把这个产业踏踏实实建设好，告诉百姓，只要保护好当地的环境，政府给百姓们留一片位置给他们卖点小货，摆个摊，把自己的绝活拿出来做点东西卖给游客们，这也是生计啊，如果把百姓管得严格，又不好好保护景区的建设，最后两头空，不得民心，产业还没发展起来。所以，从各个方面都要努力，光是政府一方忙活也不行，百姓要配合，要想想怎么管理年轻人，想想怎么把外面有钱的企业招进来发展，党政机关要关心百姓的呼声。你看，这些都是办法，但是要有人去做，不做怎么能行呢？国家把政策都给我们了，我们就差自己实践了，今天就借这个机会要好好告诫年轻人，以后都是你们的舞台，要好好琢磨琢磨怎么才能把自己的家乡建设好，把自己的国家治理好。"访谈过程中，提及农村产业发展中政策、人和产业的问题及建议时，他认为政府倾斜力度不够，财政力度不大，缺乏高端人才队伍，年轻劳动力外流，产业发展积极性不高。目前没有大的困难，认为他的居住地应该建成文明旅游区，高效利用资源，引进企业项目，改善落后贫困局面。

遵义市红花岗区新舟镇绿塘村一名48岁女性被访者，是一名中学老师，长期居住在城里，寒暑假才回老家休息，年收入8万元左右。"我对产业发展是知晓的，也亲自加入了第三方的考察，发现了一些问题，总体还是好的，政策是好的，但是政府和村干部们的方式可能有不合适的地方。产业只是摆着，没有可持续的发展动力，发展一两年就停滞了，那还有什么用？如种辣椒的产业，是托了虾子镇的福，要不是他们做辣椒的加工，我们可能就少了一个产业支持了。光靠旅游业是不行的，旅游景区很有可能会外聘劳动者，老百姓文化程度整体上不高，他们能做的都是一些体力活。""我们村交通很发达了，位置也还可以，总之这些资源都是支持发展旅游业的，就看政府能不能引进些项目配套发展，提高经济效益了。政府要多问问，多进村子来看看，我倒是节假日，周末都会回来，交通方便嘛，旅游业打造起来，有些设施我觉得还是可以的，老人散散步，空气也好，以后我退休了也会选择在这儿生活。"访谈过程中，提及农村产业发展的政策、人和产业问题时，她认为当下的问题主要是政策落地还没有完全到位，农民的某些实际问题悬而未决，年轻人大都外出务工了，产业没有得到真正的发展。目前没有什么大困难，她希望自己的家乡能建设成文明和谐的美丽乡村，建成以后是退休的一个好去处。

遵义市红花岗区新舟镇绿塘村一名36岁女性被访者，本科学历，现在在某机关单位工作，主要住在村里，上班时间在城里，年收入5万元左右。"几年前毕业就考进了遵义市公安局，随后嫁到城里，经常回家，丈夫是做生意的，有一儿一女在上幼儿园，父母在外务工，一个弟弟和妹妹都在贵阳工作，家里平时也没人，节假日才会热闹起来。""生活也有点紧张，但是现在孩子还小，压力还没有很大，绿塘村倒是发展了旅游业，还有一个种植业，总体来说发展得还行，不管哪种产业，只要是有经济收益，能够分给百姓，都是好的。可是旅游业好像发展得不是那么到位，表面是好的，但是实质上还是有一些问题，还有当地的农民们没有觉悟，不知道怎么去拉拢游客，怎么搞好发展。"她说政府要好好宣传到位，让百姓知道这是一个好政策，这样她的父母也会留在家里做一些事。访谈过程中，她表示当下的最大困难就是缺少资金和技术，想做事而不能做，并且认为她的家乡以后能形成一个规模化的辣椒产业，形成产业链，提升附加值，原因是当地有种植传统，气候环境都适宜种植。

遵义市余庆县白泥镇下里村二组一名63岁女性被访者，曾在机关单位待了近20年，年轻时参加过计划生育政策的执行。"因为在家意外从楼梯摔下导致残疾，双腿行动不便，但每天坚持走5公里。当年花了19万元的医疗费用，还做了开颅手术，费用由单位和家里一起承担。家中一个儿子，在城管大队当队长，34岁才结婚，现育有二女，老公退休前是单位职工，现在双耳失聪，但是喜好打牌，为人仗义。"她对村子近30年的变化发展有着切身的体会，一家人都是知识分子，对农村产业发展有着独到的见解，反对每届领导班子各自推行一套发展方式，强调让老百姓自由耕种，强调农业知识的普及和优质种子的推广。她对这些年村子和县城的变化发展持肯定态度，对未来的发展也比较乐观，对办厂招工大加赞赏，但是不赞成工厂招人而强行取缔路边早餐商贩的做法。对精准扶贫的成果表示肯定，认为老百姓贫困主要是思想观念上的问题。认为村里大龄适婚男青年没有结婚是因为个人没有上进心，认为没结婚的基本上都是游手好闲

農村产业发展赋能乡村振兴的贵州实践

的人，所以看到青年人这样的生活状态表示气愤。她建议年轻人，有机会还是要从政，因为能够得到不一样的锻炼和提升。"村子里主要做农副产品出售及加工，在村子旁边有一个种植农业观光园，我们一家都是在编人员，没有从事农村产业发展相关的工作。"同时她表示，当下的农村产业发展政府干预过多，土地里面种什么应该是农民自己决定的事，政府只需要提供相应的技术、农种、化肥支持就行。她认为目前主要的问题就是招商引资和品牌意识淡薄。认为村子的发展应该和整个县的发展规划保持一致，走农业旅游观光路线。

毕节市纳雍县化作乡益兴村一名56岁男性被访者，益兴村本地人，初中毕业，益兴村村主任。"我任村主任已经七年，膝下三个儿子，孙子孙女也有不少了。作为老一辈知识分子，收入还是很可观的，不算儿子的收入，一年有近10万元，对于56岁、子女已经成家的老干部来说，这些钱完全够自己一家的开销了。作为村主任，对于产业调整积极性那是没得说，不仅是因为这是政府下发的政策调整，必须贯彻落实。而且，从本心来说，我也希望更好的政策能够带动全村的经济发展，带领大家更好的生产生活。自己一个快六十的老人了，在这个岗位上也待不了多少时间了，作为一直主持村里工作的我来说，希望能在有生之年看到自己奉献了无数精力的村子更好发展，希望几十年的邻里街坊能有更好的生活。"

毕节市大方县鼎新乡兴启村一名64岁男性被访者，上过中专，兴启村营上组人，是一名退休教师，现居住在农村，家庭年总收入5万元左右。"农村产业发展我听说过，2018年的时候就听说过的，只是以前在我们这里没有进行，去年我们村才开始的。刚刚他们的说法我也听到了，我很同情他们，虽然我没有参与其中，但我可以从我的角度谈谈我的认识，然后客观评价我们村的情况。农村产业发展的提出就是为了帮助农民进行产业调整，因地制宜地种植农产品，发展成一个产业，这样可以长期有效地增加农民收入。基于我们村的发展情况，我觉得我们的产业做得不好，有始无终，原因是多方面的，但主要原因我认为是没有找到销路就安排农民将全部的土地来种一样东西，种植出来后卖不出去。"他认为，如果事先没有找到销路就不应该强制农民全部种洋芋。如果没有好的发展方向的话，建议村委不要强制，不要限制他们的生产自由。自己目前面临的最大困难就是年龄大了，没有明确的发展方向。他觉得兴启村还是要发展种植业，合理利用土地。

铜仁市德江县合兴镇长线村一名48岁男性被访者，长线村当地人，初中学历，是该村的村主任。由于是当地的村主任，对于农村产业发展的认识比较深入，了解农村产业发展是实施乡村振兴战略的重要举措，能够推进农业农村可持续发展，最大的益处是为农民增加了非常可观的收入。"村里的产业发展较好，种植业发展得很好，主要是现在只落实种植这一政策（蔬菜瓜果），对于养殖等产业的政策未能落实，因为当地人才缺乏。村产业发展主要是由于政策支撑，政府直接给政策，村里落实。对于村产业发展非常满意。家庭收入较之前有大幅度增加。村里主要举办的是农牧业实用技术方面的培训，这一需求最大，因而有所侧重。"对于农村产业发展，认为其主要是能实现农民的经济增长，农村产业的发展应重视对接县域的产业发展，加强各产业之间的联系。在推动农村产业发展中最大的困难是农民的思想观念薄弱，村里的青壮年都外出打工了，缺乏劳动力，从而也使得村里的生产技术培训较为困难。"养殖产业没有发展起来，不过也在寻找解决措施，由于是村主任，充分参与了村里面的产业发展。对于农村产业发展，最大的问题是缺少劳动力，另外，农民对于政策的理解有时不到位，容易产生冲突，不过在慢慢看到成效以后也逐渐理解了。村里未来的发展方向主要还是看国家，上面有什么政策我们就尽心尽力地完成。"

铜仁市思南县大坝场镇花坪村一名45岁男性被访者，县政府工作人员，到花坪村当第一书记。目前他表示自己一个人日常开销不大，由于是公务员，工资比较稳定，有一定的增加，再加上父母的支持，家庭收入还是可观的，在11万元左右。"从小家庭就富裕，父母是当地镇政府工作人员，爱人在县城某中学担任校长职务。有个女儿，正在贵阳上高中。由于工作需要，多年来都是县城和农村两地跑，但是在农村居多，没有时间陪家人，特别是对孩子非常的亏欠，但是希望孩子能够理解，下到基层工作，工作压力非常大。"谈论起农村产业发展时，其表示农村调整产业结构是非常有必要的，但是农村发展产业，做好产业太不容易。"我们村现有的花椒、油茶种植和黑山羊养殖已经初具规模，现在能够取得这样的成绩太不容易了。但由于上届村委领导种植油茶和棕树都没有发展起来，都失败了，让老百姓寒了心，对村委领导不信任，也不关心本村的产业发展。当初种植油茶和花椒遇到了不小的挑战，在我和村委其他工作人员的努力下，花椒已经开始有了收成，产量还算高。""虽然目前村里的产业还没有完全发展起来，还有很长的路要走，但是能够取得这样的成效，我还是比较满意的。村里的茶叶能够发展起来，少不了政府提供的政策支持。在我主持下和村委其他工作人员的努力下，村里开展了农牧实用技术培训和党建组织知识培训。"他表示农村产业发展给农村经济带来了新的动力，促进了农村经济的发展，增加了农民的收入。但是目前还需要克服思想观念薄弱、人才不足的问题，需要政府加大宣传力度，才能把农村的产业发展好，形成产业兴旺的局面。他表示还需要加大工作强度，帮助农民改变思想，积极发展生态畜牧，因为明年村里经济发展方向就是大力发展畜牧养殖。他表示目前面临的主要问题是帮助农民转变发展思路比较困难，本村未来发展方向是朝着生态畜牧业的，以对接本县域发展生态养殖方针。

铜仁市松桃县乌罗镇前进村龙家贯组一名45岁男性被访者，"初中学历，现在是龙家贯的村干部，今年是我当村干部的第五年。以前村里有矿山，做过矿工，之后矿山停产，出去打工几年，回来被推选为村干部，赚钱也不多。我有一儿一女，都已经毕业找工作了，但都还未稳定，妻子在外务工，年总收入保守估计五万元。"他说最近两年村里开始大力提倡产业振兴，开始发展种植业，现在主要是茶产业，平时有活干需要农民就主要由他来带领，召集农民去做小工。"村里现在致力于茶产业的发展，从2016年开始，县农业局给900元一亩的补贴鼓励茶产业，补贴包括土地开垦、人工费、茶苗、肥料等，之后我租田300元一亩，租土280元一亩，只是土地租金。茶产业到今年已经四年了，去年在村里搭建了茶叶加工厂，前两年由政府招商，是一个浙江的老板来承包茶厂，但经济效益不好，现在由我自己接手，还未找到新的投资方。现在当地的产业都是由政府牵头，然后招商引资，最终都由外地老板来承包。""如果真的想要农民受惠，政府就要鼓励农民自己来种，然后政府找销售渠道。但是目前村里的情况，要想实行起来暂时还比较困难，因为外出务工人员太多，留村的都是一些年龄偏大的人，所谓的'空壳村'。之前他们鼓励农民，但是产业发展才刚开始，农民看不见经济效益，觉得还不如外出打工挣钱多，他们在外务工都是几百元一天，现在叫他们回来干这个肯定都不愿意做。目前最大的问题就是产业发展的经济效益还不够。只有等产业发展好了，等待进一步的相关政策才能吸引人留下，但是没有人留下产业又很难发展好，现在这是一个很苦恼的问题。""之前我看见村里很多土地都荒废，资源浪费，就把大家的土地租来种茶。现在上面对于村里的鼓励政策还是未落实好，我现在都是借款接手村里的茶厂，因为我知道茶叶生长得很好，目前最大的困难就是经济支撑不足，找不到投资。不过在农村刚开始搞产业都不好弄，这需要时间和政策，我相信自己村的茶产业会发展起来。"他说乡村振兴战略在当地从去年下半年才开始大力提倡，去年也开始提倡高标准农田建设，提升了农户素质，但是要想真正让农民获益，就必须做好农村产业。政府方面要加大宣传，多与农户沟通，交心谈心，继续加大招商引资，提升基础设施建设。"国家政策很好，只不过村里的产业刚刚开始，还比较困难，熬过这段时间，相信村里的茶产业一定会发展起来的。"在谈到农村产业发展中政策、人、产业等方面存在哪些问题时，他表示在政策上政府要多鼓励乡村人才创业，帮助农民招商引资；要引进技术人员，加强宣传，调动当地人的积极性；在产业方面要加强科学管理，同时政府组织规模化产业。他认为当地农村产业刚刚起步，要坚持农村产业振兴，绿色发展。作为村干部，要以身作则，带动农民们一起参与发展。目前他认为面临的最大困难就是资金链断裂，缺乏投资，导致村里的茶厂无法正常运转。希望村里的茶产业在未来几年能够规模化发展，规范化生产，真正实现乡村产业振兴，为农民带来福利，农村发展越来越好。

铜仁市松桃县乌罗镇前进村龙家贯组一名35岁女性被访者，大专学历，小学数学老师，教书七八年了，以前在镇上教书，今年转去铜仁市的一个小学教书。"目前生了两个女儿，年龄都还小，丈夫在乌罗镇做生意，合伙承包一些小工程，今年去铜仁教书带着两个女儿，为方便她们上学。家庭年收入大概十万元以上。"她说自己教的是小学，平时在课堂教学和备课中也很少提到农村产业发展，不过有时候教职工开会时会提到。"现在我们处于乡村振兴战略这个大环境下，还是要大力发展产业，才能使当地经济发展好，毕竟农业才是农村的根本。要因地制宜，种植适合当地地理环境的作物，要具有一定的经济效益。之前村里开矿山，虽然开矿给当地带来了很大的经济效益，但是它留下来的伤害是无法弥补的。村里最近几年开展了绿色产业，这样有助于改善当地生态环境。农村发展产业并不能急于求成，要慢慢地来，经济效益不是第一位，而是要先把当地的环境保护好，把荒废的田土重新利用起来。这样不仅能够持续发展，而且也能够在一定程度上增加农民的收入，虽然并不是特别多，但是凡事都得慢慢来，特别是农村产业。不过我们这边发展产业确实太慢了，隔壁镇的提前几年就开始发展产业了，导致我们这边政府的投入度不高，相比之下经验也不足，产业管理差，我听说村里的茶叶长得很好，但是卖不好，卖不出去。"她说村里大部分劳动力都外出务工了，每年都是过年才回来一趟，或者几年不回家的都有，政府找不到当地人干活，农民们思想观念薄弱，人才不足。一方面政府要大力宣传农村产业意识，另一方面农户们要团结起来，把自己村的茶产业发展好，以后会有人留下来弄的。她希望村里的茶产业可以发展起来，产业发展好了，可以衍生到旅游观光业，经济慢慢变好，要像其他做得好的特色小镇一样发展，这是她认为自己村未来发展的方向。在谈到农村产业发展中政策、人、产业等方面存在哪些问题时，她表示目前当地人的思想观念薄弱，人才不足，村里的产业发展效率低。政府一方面应该加强宣传，另一方面应该向产业做得好的地方吸取经验教训，真心实意地为当地农村产业发展干实事，带领农户们团结起来，共同致力于产业发展。

盘州市新民镇林家田村一名58岁女性被访者，是一名退休乡村教师，从教20多年。是从其他村里嫁过来的，在这个村生活了30多年，有两个女儿两个儿子，均已成家。她丈夫和她在同一所乡村小学。前几年国家政策好，将他们这些在农村教书很多年的老教师全部转正。"转正前的工资非常低，孩子又多，家庭条件非常困难，幸运的是几个孩子顺利成长，现在我和丈夫都已经领取退休金了，两个人的收入还是很可观的，在农村，感觉很幸福。"在问到农村产业发展时，她很支持，不过在他们村的实施有些难，没有发展到每家每户，有些家里根本就没有人在，有些又全是老年人在，所以农村产业发展首先需要解决生产力的问题，解决人的问题。他们村以前有很多煤矿资源，现在都不允许开采，这条路行不通。"需要持久的农业和乡村风貌的整体改变才能做到持续性发展。我们村有最古老的鱼、龙化石，这是很好的教育资源，应该利用现在的网络将这一点打造出去。我们村也需要多和其他村寨交流，互帮互助，共同解决存在的问题，一起发展。"

（二）不支持态度与无所谓不关心态度

在国家公职人员视域中，没有人对农村产业发展持不支持态度，也没有人表示无所谓不关心。只有一位 70 岁的苗族男性退休干部认为所在村存在多种客观困难，坚持农村是养老的地方，鼓励年轻一代的大多数人出去奋斗和闯荡。但整体上看，国家公职人员对农村产业发展持支持态度，并对未来充满希望。

（三）小　结

为了更好地从整体上把握贵州农村产业发展与乡村振兴战略的概貌，笔者对访谈对象进行了职业类别上的划分，并将村干部、体制内外教师、退休教师、退伍军人、机关单位人员以及医护人员纳入了国家公职人员视域。在国家公职人员视域中，国家公职人员普遍对农村产业发展有较为清晰的认知，对贵州农村产业发展与乡村振兴战略一致表示支持。并在肯定农村产业发展的同时，指出了其局限性与不足之处。从普遍认知上看，国家公职人员普遍认为农村产业发展对于带动当地经济发展、改变乡村面貌、推动乡村战略实施以及推进农业可持续发展等有一定积极作用，并在政策、资金、人才、技术等方面对农村产业发展提出了部分意见建议。同时提出农村产业在发展过程中存在农民思想观念淡薄以及资金人才技术等要素支撑不足的问题。但是，由于不同职业人群所具有的背景知识和对事物的认识能力不同，对同一事物的观察必然会有不同的出发点。因此，部分国家公职人员在普遍认知的基础上，又对农村产业在发展过程中存在的问题提出了不完全相同的认识及理解。以政策执行主体作为划分，大致可分为以下两类：一是认为相关政策执行者支持不充分；二是认为相关政策执行者与政策目标群体之间信任度不足。

从前者来看，该部分国家公职人员认为相关政策执行者在政策执行过程中存在以下支持不充分问题：一是认为政策执行不深入。认为相关政策执行者在产业发展过程中注重形式、浮于表面，政策执行较多停留在宣传号召层面，在落实有关资金、人才、技术等可操作性执行层面时方法不多、效果不好。或在产业发展过程中重视开头轻视结尾，致使产业可持续发展动力不足，造成某些资源浪费的同时也影响了农民的收益。相关政策执行者的支持不充分导致了农民参与的积极性不高。二是认为存在滞后式政策执行。认为相关政策执行者被动观望，等到其他地方产业发展已取得明显成效时才开始执行，错失了发展良机，致使政府投入度不高，从而影响政策问题的解决和政策目标的实现。三是政策实施与农民意愿不一致。认为相关政策执行者在政策执行过程中没有解释到位就让农民统一种植，农民种植意愿不强影响种植质量，最后产业也没有发展起来，在一定程度上影响了干群关系。四是政策实施考察不充分。认为部分政策执行者没有充分考察本地区客观条件，造成部分产业"水土不服"，甚至给当地生态环境造成一定破坏。

从后者来看，该部分国家公职人员认为相关政策执行者与政策目标群体之间存在以下信任度不足的问题：一是政策目标群体不信任相关政策执行者。他们认为部分政策执行者自身能力不足或产业发展的相应支撑要素不足，导致产业发展一开始成效不显著或缺乏发展的可持续性，而农民的抗风险意识本就不强，遇到产业发展困境时就会心态不好，产生消极情绪，从而对干部不信任，甚至不愿再关心及参与本村的产业发展，给后期产业发展带来一定阻碍。二是相关政策执行者不放心政策目标群体。认为农民普遍受教育程度低、集体观念不强。而相关政策执行者也未能做好对农民的教育培训等工作，以至于农民不太理解甚至不配合农业生产发展。相关政策执行者因为部分农民不配合、不支持工作，产生了工作上的倦怠情绪。思想得不到统一，大家就会各自为是，从而产生矛盾隔阂。某些群众认为干部不作为，而某些干部也觉得自己"吃力不讨好"，在一定程度上引发了干群信任危机，给农村产业发展带来了一定阻力。

但前述问题毕竟只是个别人的个别看法，并不影响农村产业发展的大趋势，也并不影响大部分国家公职人员和大部分农民的产业发展积极性和热情。国家公职人员尤其是一线工作干部，面对发展过程中存在的问题总是积极探索，勇于作为，他们对党忠诚，对土地热爱，对农民充满感情，是农村产业发展的重要支撑力量。

二、贵州农村产业发展中普通民众典型访谈实录及分析

本部分重点描述和分析民众视域中的贵州农村产业发展与乡村振兴战略，把民众按照支持态度、不支持态度、无所谓不关心态度进行分类整理分析，以期整体上对民众的态度和认知有清晰的认识和判断。

（一）支持态度

由于访谈实录整理内容较多，本部分没有全部列举访谈内容，只选择有典型代表意义的被访者实录呈现。这里的代表意义指两个方面。一是访谈地点的代表性，呈现的访谈实录涵盖了调研的7个市（州），分别是黔东南苗族侗族自治州、黔南布依族苗族自治州、遵义市、毕节市、铜仁市、仁怀市、盘州市。二是被访者职业的代表性。职业涵盖在家务农、外出务工者、在校大学生、研究生、水果摊商人、养殖大户、种植户、生态畜牧合作社负责人、烟厂公司工作人员、军人、家庭主妇等。下面依次呈现这些被访者的访谈实录。

黔东南州麻江县贤昌镇新场村一名48岁男性被访者，中专学历，常年在家务农，家庭年总收入2万元左右（妻子亦在家务农，大女儿在读研一，二女儿在读大一，儿子在读高三）。"我参加了我们村的产业发展，村里的产业目前主要是种植业、养殖业、农副产品加工业、旅游观光业。作为一个农民，很少出省，常年在家从事农作物种植。村里举办过就业创业技能培训、党建知识培训，这让我对农村产业发展的了解更加深入。贫困户建档立卡，精准扶贫等国家政策减轻了我的经济负担，我觉得自己的居住条件得到了较大改善，环境也比较舒适，衣食住行这些生活需求能够得到满足。农村产业发展能够增加老百姓的收入，新场村的产业发展较好，

得益于该村交通便捷，地理位置较为优越，也是当地政府政策大力支撑的结果。"他对新场村的产业情况基本满意，家庭年收入与三年前相比有所增加。他认为推动农村产业发展最大的困难是，人们的思想观念薄弱，村里人才不足，当地缺少项目投资，生产技术较为落后。在农村产业发展中政策、人、产业等方面存在的问题上，他认为农民的参与度不高，应该提高村里农民的参与度。当前他家最大的困难是家庭经济负担较重，因为没有固定的收入来源，孩子们都在上学，开销大。关于新场村的发展方向，他表示应该大力发展红蒜、花椒这些农作物的种植，以此提高农民的收入，促进当地经济、社会的发展。

黔东南州麻江县贤昌镇新场村一名48岁女性被访者，新场村当地人，上过小学，文化水平不高，但勤劳善良，与丈夫一起住进新房，平时种植农作物，比如折耳根、白菜、蒜苗、香葱等，然后在赶集的时候自主销售，年收入在1万元左右，她的两个女儿都已成家立业，丈夫与儿子都从事建筑业，室内装修，衣食住行都能够得以满足。"2020年村里提倡种植红菜苔，我和村里的农民一起参与种植，80元一天，红菜苔2元一斤，在此过程中的收入为1200元。我常年都在家，很少出门，平时种植一些农作物贴补家用，但是销售农作物是一个大问题，价格偏低，收入不太稳定，在村里集市卖折耳根、蒜苗、白菜这些农作物，销路偏窄。"她对于农村产业发展和乡村振兴战略是有一定了解的，她家是建档立卡贫困户，每年都有一定的补贴，其家庭获得了政府的帮扶。在农村产业发展中政策、人、产业等方面存在的问题上，她建议加强产业发展的宣传力度，面临的最大困难是在家务农，自己种植的农产品卖不出去。在谈到新场村未来的发展方向时，她建议合理规划农业种植，拓宽农产品的销路。

黔东南州麻江县贤昌镇新场村一名31岁女性被访者，初中学历，是新场村当地人，农民。从新场村盐山组嫁到下龙西组已经10年了，丈夫外出打工，她在家照顾子女，赡养老人，平时以做农活为主，操持家务，年收入在1万元左右。"丈夫常年外出打工，我一人照顾老人和三个子女，十分辛苦，如果能够让丈夫在村里创业，离家近一些，我的压力就会减小很多。我的三个子女比较年幼，大女儿上小学六年级，二女儿上幼儿园，儿子今年两岁。我学历不高，在家务农，平时辅导孩子写作业是一个大问题，子女的教育问题是我最关心的。早些年我就在家做农活，基本上没有什么收入，近几年，政府提倡种植经济作物，像花椒、玉米、红蒜苔、辣椒等，我就可以在农时种植经济作物，收入增加了不少。新场村位置好，又有政府的政策支撑，所以村里的产业发展得不错，对村里产业情况基本满意，收入与三年前相比大幅增加。"在农村产业发展中政策、人、产业等方面，她认为村里应该形成一定规模的红蒜苔种植，希望该产业能发展成为地域特色产业。她认为新场村未来的发展方向是种植业与物流行业结合起来，她种植的农产品平时都是在村里集市销售，销售量较低，收入也不高，如果红蒜苔等产业能够与物流行业相结合，就可以增加其农产品的销量，提高农民收入。

黔东南州麻江县贤昌镇新场村一名58岁女性被访者，小学学历，农民。家中两个儿子都已经结婚生子，其儿子儿媳外出打工，她平时在家照顾孙子，丈夫亦是务农，家庭年收入在1万元左右。"村里重要的产业是种植业、养殖业和农副产品加工业，但以个人为主，像白菜、香葱、蒜苗等，都是当地的一些时蔬，没有形成规模产业，个人种植，待农作物成熟后，在集市上卖。我冬天销售手工自制布鞋，30元一双，每个月收入900元左右，较前三年有所增加。"农村产业发展中政策、人、产业等方面存在的问题是农村环境治理，农村产业发展在促进生活水平提高的同时，环境污染、垃圾的分类和处理不够科学，集市过后，街道上的垃圾随处可见，所以建议进一步改善农村生活环境。她目前面临的最大困难是赶集的时候能卖手工布鞋，但收入较低，收入不稳定。她认为新场村未来的发展方向，是发展农村特色产业，以此提高农民的收入，并改善生活环境。

黔东南州麻江县贤昌镇新场村一名27岁女性被访者，高中学历，新场村当地人，务农，有时候在县城做临时工，丈夫外出打工，家里两个儿子在上小学，家庭年收入2万元左右，基本能满足日常生活开销。主要开支是儿子的学费以及吃穿用度。"村里重要的产业有种植业、养殖业、旅游观光业、住宿餐饮业。餐饮主要是米粉店比较多，小吃店、烧烤店的生意也较好。现在村里的产业有了很大改变，特别是农作物种植业，政府号召经济作物的种植，比如说玉米、花椒、蒜苔、烤烟，村里的干部挨家挨户动员，这几年地里种植的都是这些农作物，但收益不是很高，都是我们自己种植，销售不出去，没有形成一定的规模，收入较低。我平时在家种地，有时候为贴补家用去县城里做临时工，但这时候就不能照看孩子，如果可以在村里发展种植业，形成一定规模，在村里就可以挣到钱，不用县城和家里两边跑，以此减轻家庭经济的负担，还可以在家照看孩子。"她建议日后村里发展互联网农业，农民自家的农产品进行网络销售，收入增加了，生活便过得更富裕，村寨也会发展得越来越好。

　　黔东南苗族侗族自治州镇远县舞阳镇焦溪乡猛溪村一名32岁男性被访者，在浙江温州打工。由于浙江省对镇远县进行劳务合作，所以很多贫困百姓在那边打工。他表示之前在深圳的工厂打工，但自从实施这个政策之后就与同乡的许多年轻人一起去浙江打工，目前做建筑工作。"2010年过完年，由于一直处于疫情中，到处封锁出不去，家里边靠我外出打工来维持生计，那个时候非常担忧，小孩子又要上学，过年也花费了不少钱。后来政府给我们直接对接了原来的厂矿，包专车送我们直接到达，而且每个人给了2000元补贴，这次返乡，也是由政府包车接我们回来的，我十分感动。国家的政策扶持给我们的生活带来了好处，让我们有更多选择工作的机会。但我更希望本村能够致富，找到门道，这样就能就地工作，也为家里人减轻一点负担。"在问及农村产业发展的相关问题时，他说："我不了解，因为常年在外打工，很少顾及家里的事情，干完活已经很晚，没有时间关注这些问题。我目前年收入6万元左右，这三年的家庭收入没有太多变化，国家给的补贴很多。疫情期间参加过村里组织的就业创新创业培训，也提升了我们的一些认识。"他认为农村产业发展就是要前景好，收入好，不赚钱的活肯定都不想干。还是应该坚持绿色发展，之前的荒地应该利用起来。希望政府多招商引资，带领乡村共同致富。最大的困难是离家太远，一年回去一次。

　　黔东南苗族侗族自治州镇远县舞阳镇焦溪乡猛溪村一名20岁女性被访者，在校大学生。小时候家里很穷，父母不仅要赡养老人，还要养三个孩子，她排行老二，姐姐初中毕业之后没有读书，一直在外打工，现已结婚。她现在武汉的一所大学读大二，还有一个读高中的弟弟。"之前村里的路很难走，读书也要去镇上读，没有交通工具，经常凌晨4点半起床，走一个多小时的山路才能到校。家里那时候很穷，父母外出打工，一年回来一次，从小和爷爷奶奶相依为命，就是大家所说的留守儿童。小学和初中都在镇上读，高中时考上了县城的一中。姐姐因为外出打工，每个月都负责给我一些生活费。但大部分的费用都由国家承担，基本上不花钱。目前大学的学费是依靠国家助学贷款，平时的开销是精准扶贫的补贴，在大学节俭一点完全够用了，有空的时候我会去勤工俭学，赚一些零花钱。"她表示，正因为有了国家的帮助和扶持才让她有可能上大学，能够走出大山，看看外面的世界。"我现在非常努力地学习，希望学成归来，能够更好地建设家乡。我觉得近些年家乡的变化特别大，我非常感谢国家的帮助。"在谈及贵州的农村产业发展时，她说："对此有一些了解，我希望家乡能够衍生出一条适合的产业链，但是贵州的地势、土壤、水质都不是那么好，所以想调动更多人的积极性，需要靠年轻的后备力量。只有让所有人拥有了知识和文化，才能更好地开展工作，建设家乡。现在很多大学毕业生不愿意回到自己的家乡，想在外发展，这也让贵州的人才流失严重，最好的办法就是引进一些人才，不断提升贵州的综合实力，对不同的地区因地制宜。"她认为，产业发展改善了生态环境，促进了经济发展，目前大家的思想意识薄弱，需要做好宣传工作，为农民提供技术服务，帮助农民招商引资。未来发展方向是大型种植业或者养殖业。

黔南布依族苗族自治州三都水族自治县中和镇新阳村蓝领组一名54岁男性被访者，农村人，小学没毕业，年轻的时候去过浙江打工两年，但是文化不高也不太喜欢工厂的管制，所以回家后就没有出去了。近几年冬天去广西砍甘蔗，其他时间在家种植，一年收入三四万元。"自己每年都在家种田，村子这两年很多人把田租出去种蔬菜，我家也把一些田租出去了，收到了一点租金。偏远的地种了政府给的果树，政府还鼓励养竹鼠，我弟弟也在养。我从小就在家种地，冬天会和妻子一起去广西砍甘蔗赚钱，现在年龄大了，去广西赚不了多少钱，但除了冬天，都会在家种植水稻和玉米。很多年轻人现在不太愿意在家做农活，所以我跟其他人要了很多的田和地来种植，增加收入，每年砍甘蔗的钱、卖米和玉米的钱大概收入3万元，开销比较节约，一年能存差不多2万元。现在比以前好很多，以前三个孩子在读书，一年下来根本存不了钱。"对于农村产业发展，他是有些了解的，并且也有参与。说近两年很多荒废的地根据政府提供的政

农村产业发展赋能乡村振兴的贵州实践

策（免费发果苗），都种上了果树，他自己荒废了两年的三亩地去年都种上了果树。水源不便的田也租出去种蔬菜了，可以保证田不荒废，还可以有额外的租金收入，基本上所有的土地资源分配得都很好。他女儿已经嫁人，但是两个儿子都还没结婚，特别是大儿子已经30岁了还没找到对象，他和妻子都很着急，在家一直张罗给他相亲。希望自己能多存点钱，等儿子结婚时用。他表示他们村子目前主要种植水稻，如果要改变的话可以专业化的种植蔬菜，也可以养殖竹鼠，不过可能需要有技术的人来带领，需要政府的大力支持。

遵义市习水县回龙镇周家村一名45岁男性被访者，小学学历，常年在家务农，不农忙的时候在本村或附近村子打零工，家庭年收入7000元左右，家里两个孩子在读大学，家庭开销大。"因小时候家里比较贫穷、自己不爱学习，读到小学后就不读了。我长期在村里生活，对村里的情况较为了解，最开始的时候，村里种植烤烟，后来由于附近有酒厂，高粱价格比其他农作物高些，所以村里大多人家都种植高粱。又由于周家村交通比较不方便，地理位置不好，以及其他的一些情况，村里的主要产业为种植业和养殖业，其他产业发展不起来。对村里举办的培训项目印象比较清晰的是动物防疫培训。我认为周家村的农村产业发展情况较差，种植业和养殖业发展的原因主要是政府的政策扶持，我对本村农村产业发展情况不满意，但我很支持农村产业发展，希望通过努力，我们村的产业发展情况有所改善。就其家庭收入来说，我的家庭收入与三年前相比，并没有很大改变。"在谈论到农村产业发展政策、人、产业存在哪些问题时，他认为存在政策落实不到位，产业发展差，人才不足的问题。他认为政府应该规模化发展产业、完善基础设施建设、通过完善政策来吸引人才。他目前最大的困难是就业问题。他说受地理环境的影响，本村产业很难发展，但是因为附近村子有酒厂，认为该村未来应该发展高粱种植，经济收入比较有保障。

遵义市习水县回龙镇周家村一名63岁男性被访者，小学学历，常年在家务农，两个孩子在外务工，两个孙子和一个孙女都还在读书，家庭年收入6500元左右。"小时候家里穷，自己不爱学习，读完小学就没读了，一辈子在家里面做农活，以前年轻的时候，不农忙会在本村或者附近村里打点零工，现在在家带孙子。我长期在村里生活，对村里的情况了解得比较多，村里先后种过水稻、玉米、烤烟。后来由于茅台酒厂的一个分厂修建在附近，高粱价格慢慢地上升，变得比其他农作物都高，所以村里大多数人家都种植高粱。由于时间太久了，记不清村里做过什么培训项目。"他对农村产业发展不太清楚，村里的工作人员平常也没有和他细说过，只知道政府部门让种什么就种什么。他对本村农村产业发展情况满意度一般，就其家庭收入来说，与三年前相比并没有很大改变。由于对农村产业发展不太了解，他对于农村产业发展存在的种种问题不清楚，认为自身目前最大的困难就是比较贫困。对于本村未来的发展方向和发展前景不清楚。

遵义市习水县回龙镇周家村一名47岁男性被访者，初中学历，常年在家务农，并且之前从事养殖业，主要养牛，偶尔在本村或附近村子打点零工补贴家用，家庭年总收入大概6500元，家里有两个老人，三个孩子还在读书，家庭开销大。"因小时候家庭条件还可以，能读得起书，读到初中后因学习不好就读不下去了。长期在村里生活，对村里的情况比较了解，村里种植烤烟、玉米以及高粱等农作物，但后面由于高粱价格上升，比其他农作物较高，所以村里大多数人家都种植高粱。我听说搞养殖业会有政策扶持，也有一段时间搞养殖。我认为农村产业发展能够增加农民的收入，但由于经营不当等问题同时也会导致农民增加自身负担，我就是一个很好的例子，自己搞过一段时间的养殖，由于对养牛的一些专业知识不太了解，就亏损了很多钱，这些钱有一大部分是从银行贷款的，到现在还没还清。"他认为周家村的农村产业发展情况较差，种植业和养殖业发展的原因主要是政府的政策扶持，就其家庭收入来说，与三年前相比并没有很大改变。对村里举办的培训项目印象比较清晰的是动物防疫培训、农牧业实用技术培训。他认为在农村产业发展中，存在政策不够完善，工作人员对其宣传不到位，导致很多农村的人不知道，缺少专业的技术人员，没有产业可发展等问题。应该完善政策，加大宣传力度，讲解到位，引入专业的技术人员，探寻适合自身发展的产业道路。认为目前自身最大的困难是缺乏就业技能，导致只能在家种地。对于本村未来的发展方向不太清楚。

遵义市红花岗区新舟镇绿塘村一名37岁女性被访者，高中学历，外出务工人员，年收入8万元左右。"我高中毕业后就去广东打工，进一家鞋厂工作，积攒了几万元的积蓄，22岁结婚后产下一女，现在已进高中，但是在女儿初中还没毕业时我离婚了，到现在还没结婚。去年受到疫情影响没有出远门打工，在贵阳就近找了一个工作，平时不经常在农村居住，逢年过节才会回家看望老人。"她说目前家乡主要发展旅游业，比如樱花谷景区就是政府花钱开发出来的，她父母种了辣椒，等辣椒红了过后就采摘下来等政府来收，自己并没有参与到绿塘村的产业发展中。"我认为产业发展就是要促进农民增收，给我们分钱，不然没人愿意出力，但是我们的旅游业并没有发展好，人们都是等花开了才会来看，平时又没有什么吸引人的特色，只要樱花谷不开花，就没有人会来，政府也不管，很多人就进园子牧牛羊，严重破坏了环境。我们的旅游业能发展起来是因为绿塘村的交通很便利，当然也有政府的支持，但是最后还是没有发展好，希望今年政府好好管管。"她说农村发展产业就要兼顾农民的利益，帮助农民创收，不要破坏人们生活的环境，不要破坏原生态，把农民带进产业里面去，带着大家发展。"总之这个产业还是打造了一个适合居住的好环境，政府要为我们提供技术服务，我们想去劳动，高技术又不能胜任，纯粹靠劳力又吃不消，最后还是希望政府能提供一些实用的技能培训，帮助农民进行招商引资，哪些家庭有好东西的，政府帮助做大做强。"访谈过程中，提及农村产业发展的政策、人和产业问题时，她认为政府并没有积极加入产业发展中去，劳动力都出去打工了，产业没有规范化管理。当前最大的困难就是生存压力大，希望回到家乡找到一份合适稳定的工作，对他们村未来的发展方向没有想法。

遵义市红花岗区新舟镇绿塘村一名44岁男性被访者，小学学历，是一名经营水果摊的商人，常年居住在农村，妻子在家务农，儿子读高中。拒绝回答年收入。"我做水果生意已经五年了，妻子在家务农，种了两亩地的辣椒，有一个儿子，在城里读高中，生活上也算过得去，去年因为疫情，经济还是受到一定影响的，今年生意又不好做，水果有保鲜期，不安置好的话全部坏了就赔了，对村里的产业有一点了解。"他们家种了辣椒。"主要还是辣椒赚点钱，这个旅游业我们都没得到什么好处，想去工作、想去做点事，村里都说没有名额，想去樱花谷的售票点卖点水果都不让，总之这个旅游业，我看是搞不好的，为什么啊，我们都得不到好处啊，只是个别人在受益。种辣椒都是隔壁镇虾子镇的政策，传过来喊我也种一点，我觉得虾子镇的辣椒种植还可以。当地的旅游业发展我们都没参加，这个不行的，增加农民负担，也不知道为什么樱花谷要建在这里，还不如开发了给我们种辣椒。""村里有培训，腊月还开了一个厨师培训，我觉得这些都没用嘛，做饭谁不会嘛，那些餐馆会喊我们这些人吗？村里就应该开一些有用的培训。产业发展，就是要让人们见得到钱，有幸福感啊。政府还是要花点钱，花点精力给我们建设一个好的环境，至少给我们省点力气，我们可以加入进去。总之，我们不是饭来张口，只要真正考虑我们了，我们还是愿意积极配合的。"访谈过程中，提及农村产业发展的政策、人和产业问题时，他认为政府的帮扶力度不够大，劳动力也不够，当地的就业率低，产业发展比较注重形式。主要的困难是生意难做，村的发展方向应该是帮助农民创收，表示农民见不到现钱，再大的产业都是没有用的。

　　毕节市七星关区撒拉溪镇龙场村一名35岁男性被访者，初中学历，其结婚后常年与妻子在县城工地打零工，家庭年总收入8万元左右。"钱挣得少，负担大，尤其这几年人情礼越来越大，趁年轻，体力好还能多挣点钱存起来，以后给孩子娶妻修房子。自己在工地搬砖，见过许多漂亮的建筑，交通、赶场之类的越来越好。自己这个村子吧，建筑还是比较过时，但环境相对较好，没那么多的污染。孩子读书、家中老人看病都挺方便的。现在农民都能种一些瓜果蔬菜拿出去卖，这些变化让老百姓的生活越来越方便，很多东西都能买卖。相对来讲，老百姓日子过好了离不开政府的建设啊。"他说自己的村庄离县城二三十公里，前些年有一个老板在他们这儿投资，种了很多玫瑰花，每年玫瑰花开的时候，他们村里都有玫瑰的香味，本以为他们的日子会慢慢地变得好过了，但是去年疫情玫瑰花开了收集好了却没有人来收购，当初种的时候承诺会包收购，让他们农民放心，现在只能烂在地里，土地也不能做其他的使用。他表示很多年轻人在村里靠种庄稼养不活一家老小，只好纷纷出去打工，一年到头只能见子女一两面。政府也有想要振兴乡村，但是首先要考察好他们村到底能做些什么，做的这些能不能让农民有收入。他认为他们村环境各方面都比较好，适合搞养殖，但是由于没有资金和技术，很多年轻人都不愿意待在家里，现在村里剩下的大都是老年人，年轻劳动力少。他希望政府在农村产业发展中能够把国家相应的政策好好解释给老百姓听，该有的政策应该透明的告诉村里人。"希望政府在监督这一块加大力度，尤其是农村大多数四五十岁的都没有多少文化，想做什么又找不到人帮忙，去咨询相关的国家政策还听得不太明白。"同时他希望村里能够往规模化及特色化的畜牧业和种植业方向发展。

毕节市七星关区撒拉溪镇龙场村一名36岁男性被访者，养殖大户，村里的成功人士。"因为这两年非洲猪瘟，很多人别说赚钱了，还亏本，因为猪一旦生病了，就是一群猪生病，没有养殖经验的人就是没有办法的。一家老小现在都在家喂猪，因为我以前是兽医，所以只要看一眼，就知道猪哪里不对劲。"他表示自己养猪两年，房子买了两套，还在家修了一栋大别墅。他说搞养殖要想成功就必须要有技术、有规模，有规模了国家也会提供帮助，有政策支持。而且他们村有种中草药，可以给猪吃，可以将养殖和种植结合在一起打造特色。但是他也表示现在面临着很多困难。"比如种植天麻等药用经济作物，其政策宣传不到位，农民与政府有代沟，农民与基层管理人员语言不通，不懂政策，不懂产业，不懂发展。农民按照政府要求种植新型经济作物，纯属摸石头过河，没有经验，技术支持不足，很多产业最后收益都不好。农村人才缺乏，大多数青年常年外出务工，农村人对大面积改造种植等需投入大量劳动力而回报率渺茫的产业不支持。再加上农村大都山高坡陡，交通落后，通讯不发达，地质、气候条件差，很难找到适合且生命力顽强以及能够大丰收的经济作物。"他说他们村森林资源丰富，水资源充足，环境受污染程度低，地势高耸，坡度大，气候偏寒，温差大，降水量大，适合发展淡水养殖业，农家特色小吃，木材加工，一些适合本地环境的种植业。他认为目前面临的最大困难是没有掌握相应的技术，没有足够的经济支持，家庭经济压力大，肩负重担不愿再挣扎，人到中年精神萎靡，心有余而力不足。

毕节市七星关区撒拉溪镇龙场村一名21岁女性被访者，本科学历，目前在烟厂公司上班，月工资8000元左右，主要负责收购烟草。其父母以前主要靠种植苞谷、洋芋以及烟草为生，现在年纪大了，且子女也工作了，就什么也没做了。"我们这儿种的烟的品种全是我们公司提供的，听说相对于几年前，我们现在的烟种已经进行了改良，抗旱而且抗病毒，烟叶也比较有肉实感。产品得到了升级，产量也高，农民的收入逐渐提高。再加上现在交通方便，每村每户都修了水泥路，而且还有政府的政策支持，给要种植烟的农民进行技术培训。但是现在还是面临一个问题，就是我们这儿真的是靠天吃饭，水资源比较短缺，容易干旱，植物容易干死或者收成不好。"她认为政府应结合当地实际发展产业，目前乡村发展较慢，留不住劳动力，产业发展缺乏推动力，且目前农村土地资源大量荒废，可以开发其他资源，引进人才，促进经济的发展。由于城乡差距大，农村经济发展不充分，基础设施和公共设施不完善，加上教育发展落后，农村人才建设激励机制不健全等因素，致使农村地区人才引进难度大，人才流失大。许多高素质、高层次人才都不愿留在农村，即使留下来时间也不会很长，因为农村的条件和环境满足不了他们的就业需求，这对于农村地区长期性、稳定性发展是不利的，也会对农村人力资源的开发和经济的发展产生消极影响。

毕节市纳雍县化作乡益兴村一名72岁男性被访者，不识字，年事已高的他平时靠竹编补贴家用，收入主要靠竹编和养老保险，其家庭年总收入1万元左右。"我平时在家打打竹编，赶集时拿去街上卖，卖不了多少钱，还要减去来回的车费，加上养老保险，也能维持生活。我是最早来到益兴村的一波人了，25岁时携妻子移居到此，刚开始来的时候遇上划分土地，此后几十年主要从事农耕生计。那时候计划生育没有那么严，我膝下三儿一女，三个儿子读到初中便回家务农，几年后外出打工，女儿嫁到离家十几公里的地方。现在年纪大了，什么都看淡了，现在的生活便是每天打打竹编，种一点菜，赶集时用竹编换点家用钱，最大的希望是儿女安康，孙辈早日成家立业。"对于农村产业发展，表示看好，因为人生70多年的经历，真真切切地感受到了国家发展带来的好处，现在的生活比起以往，改变可谓是天翻地覆，子女有学可以上，女子也可以念书识字了，公路修到了家门口，赶集不用再走几个小时的路程了，彩电、汽车、网络等带来了太多的不一样的生活体验。"跟着国家的政策走总是没错的。但是自己已经老了，不想操心这些事了，不识字也看不懂，交给年轻人去折腾吧。"

毕节市大方县鼎新乡兴启村一名26岁女性被访者，研究生在读。谈到农村产业发展，她表示自己有所了解，实际上也是参与到其中的。2020 年 1 月底，他们家在村里的安排下领到了 500 斤红心洋芋（土豆）种，于 2 月份的时候全部种在自家的地里。开学后她便回到学校上课去了，等放假回到家的时候，看到家里堆起几十麻袋洋芋，就连忙问父母怎么没有把洋芋卖掉，父母说卖不掉，家家户户都有，没有人买。"其实村里根据政策进行产业调整是没错的，但是种土豆不只是我们这里才能种，别的地方也能种，如果非要种土豆除非我们这里种出来的和别的地方不一样，比别的地方好，这样的话才有种的意义。而且我想说，政府没有为大家找好销路，就要求大家全部种土豆，后果就是家家户户的洋芋滞销，烂在家里，这不但没有给百姓带来好处，反而增加了大家的负担，加大经济压力。"最后她表示理解政府想为老百姓增加收入的出发点，哪个政府都想在任期内干出成绩啊。但是市场销路很重要，提前找好销路，老百姓心里才踏实。她认为未来村里依旧是发展绿色种植业。"

毕节市大方县鼎新乡兴启村一名 50 岁女性被访者，初中毕业，农民，读完高中后就外出打工，有了孩子之后一直在家卖小吃，家庭年收入 10 万元左右。"我家田地少，平时都是在小学门口炸洋芋卖。今年听政府安排全部拿来种洋芋了，政府给大家发洋芋种。但是今年种下来我觉得这个洋芋不适合我们这里，种出来不好，坑坑洼洼的，而且口感也没有我们以前在其他村买的洋芋好。今年洋芋价格便宜，我想着洋芋储存时间久了会变干，想拿一些先卖掉，结果市场上洋芋太多了，三角钱一斤都没人要。还有就是我觉得政府统一安排大家种洋芋，如果事先给大家找好销路，收入就会好一些。今年的收成对我家来说基本没有什么影响，因为我本来就要炸洋芋卖，这样一年也就不用再买了。"但是她表示这对于家里就靠土地生活的家庭来说影响挺大的，可能这一年的收入连以前的一半都没有。她认为目前农村在产业方面，结构不是很完整。主要还是以农业为主，大多数农民种植一些简单的农作物和养鸡鸭鱼牛羊等，或者从事一些简单的加工业。现在农活做多了，身体不是太好，整天腰酸背痛的。当询问到"您认为你们村未来发展方向是什么"时，她说肯定还是以农业为主，还有种植业方面。"因为我们这儿在大山里，位置又很偏，只能种这些。"

毕节市七星关区撒拉溪镇龙场村一名 53 岁男性被访者，初中学历，龙场村当地人。"以前读完了初中没有考上高中，便去当了两年的义务兵，当兵的时候就幻想着自己退伍了之后要回来搞养殖，把规模搞成哪样子都想好了，可是天不遂人愿，退伍之后便结了婚。那个年代出去打工的人少，人生地不熟的处处碰壁，后来自己也尝试做生意，可是最后都以失败而告终。有了小孩之后，想着如果出去赚钱了小孩子没有人照顾，担心以后小孩长大不听话，便没有再外出务工过。前些年政府组织种烤烟，种玫瑰，现在这两样都没有种了，只喂了二三十头牛，两口子忙都忙不过来，每次晚上吃饭都八九点了。"他说现在政府开始农村产业发展，帮助农民搞养殖，会提供相应的技术，可是跑到村公所去问，说养殖需要达到一定的规模才有相应的政策支持。他表示现在的环境比起以前真的是好得太多，再加上政府的帮助，人们的日子越来越好过了，只是还存在很大的弊端，比如他们辛辛苦苦养了牛，可是不晓得卖给谁，年纪大又跑不了市场，自己辛辛苦苦喂的牛只好卖给那些牛贩子，赚的反而没有多少。他希望政府帮助他们解决技术问题，货物链问题，让老百姓养的牛能够有直接的销路。他目前面临的最大困难就是就业，认为村里的发展方向是发展养殖、旅游等相关产业，因为原始生态环境好。

毕节市七星关区撒拉溪镇龙场村一名 44 岁男性被访者，专科学历，家庭年总收入 10 万元左右，家庭开销大。其读完大专后便参军入伍，现在主要以酿酒为生，其妻子在城里开了一家刺绣的门面，同时监督孩子的学习。"因为我们村的资源比较丰富，所以酿酒的种类多，我们村山上有野生的猕猴桃，所以酿了猕猴桃酒，再加上我们这儿大量种植了玫瑰，所以除了传统的苞谷酒还有玫瑰花酒。现在靠着家乡的资源，一年能够挣 10 万元左右，但也只够家里开销，因为小娃娃读书花费比较大。"他说他们村目前最适合搞养殖或者种植，认为可以利用这些资源做一些副业，如果没有这些资源他不可能酿玫瑰花酒、猕猴桃酒。现在最关键的是酿酒的技术是自己摸索的，还不太成熟，缺乏技术的培训，所以酒的质量和专业的比要逊色一点。他说在农村产业发展中还是存在不少困难，比如政策缺乏本区域特色，难以形成乡村品牌效应，产业难以持久发展，应该加强本地人才培养，并且用较高的待遇和优惠条件吸引外来专业人才。他表示还存在产业结构不合理，盲目复制别处先进经验，脱离本地区实际情况的问题，造成部分产业存在"水土不服"的现象，以及相关管理制度和引进产业制度不完善，需要不断建立健全产业结构调整，走本地区自主特色道路，不盲从，优化产业配置，形成产业联动，共同整合发展。他认为目前最大的问题是知识结构与从事行业不配套，村两委应该多增加农民技能培训，对接农科院相关专家一对多指导，驻村指导。对于发展产业资金不足的问题，他希望政府可以协调部分资金，解决当前燃眉之急。

铜仁市德江县合兴镇长线村一名55岁男性被访者，农民，小学学历，年收入3万元左右。"小时候家里条件不好，读到小学二年级就不读了，也只是能认识基本的字。现在国家政策好了，自己和老伴通过种植蔬菜、养鸡等，差不多一年有3万多元收入。村里主要是种菜、养鸡、养猪等。对于农村产业发展，村里经常有领导来进行宣传，虽然对此不是很理解，不过也觉得自己参与到了农村产业发展中。村产业发展得很好，主要是路修好了，政府给予很多的帮助，让我们的生活越来越好。很满意政府的这些政策，家庭收入较三年前有很大变化，以前都是自己种点苞谷、土豆，够吃就行，一年没有啥收入。现在有政府的产业帮扶，不仅自己吃得好了，也有多余的可以赶场拿去卖。""村里经常有一些技能培训，主要是教我们怎么有效率地种菜，怎么预防一些自然灾害等。觉得只要能让农民生活越来越好，就是好政策，希望政府继续推行相应的政策。"目前觉得困难的是年龄大了，孩子们都在外面，养牛羊不太有精力。

铜仁市德江县合兴镇长线村一名34岁女性被访者，初中学历，家庭主妇，其他村嫁到长线村，家庭年收入八九万元。"丈夫在广东进厂打工，儿子10岁，之前与丈夫一起在厂里上班，2019年因为厂里着火，自己浑身被烧伤，后面虽然做了手术修复，但是现在腿脚行动还是不方便，走路有一些跛脚。每年丈夫能挣八九万元，自己每个月有政府的补助，平时种点菜、养几头猪，现在唯一的压力是儿子还小，为他考虑的很多。现在在家照顾孩子，对于农村产业发展，村里有领导经常跟我们说，自己种的西红柿、黄瓜、养的猪都有国家相应的产业补偿，这些对我的生活改变还是挺大的，现在我能维持正常的生活开支，丈夫挣的钱可以存着，毕竟孩子还在读小学，以后花钱的地方很多。""村里的产业发展挺好的，毕竟自己也是受益的其中一员，挺感谢政府有这些政策的。村里产业发展主要靠政策支持，上面有些什么政策就下发通知，我们也就可以受益了。对村产业发展挺满意的，如果能在养殖方面有更多的优惠就好了，感觉现在的补贴可能也不多。""家庭收入相较三年前已经很好了，有国家的帮助自己能养活自己，丈夫每年都去广东打工，现在生活还是挺好的。村里主要是针对种菜这些培训，教我们怎么种植，需要注意的事项。"她表示农村产业发展需要注意哪些方面不太清楚。"国家有什么产业扶持，我们就跟着，反正也不会有错。政府应该加强技能培训，虽然有组织相应的培训，但是在实际种植的过程中，发生的意外可能不是培训中有的内容，这时候就体现不了培训的价值了。"农村产业发展带来的变化主要是现在生活越来越好了，村里的道路平坦了。目前觉得困难的是自己之前由于烧伤造成的腿部残疾，重活干不了，希望以后政策越来越好，让自己的生活也更加方便。

铜仁市德江县合兴镇长线村一名 62 岁男性被访者，长线村当地人，户籍所在地农村，主要居住地城镇，小学毕业，年收入 3 万元左右。"自己以前当过小学老师，后来由于孩子超生就被动辞职了。家里的大儿子挺争气，现在跟大儿媳一起在小学教书，没怎么让我操心。相反二儿子是最让我操心的，之前娶了一个媳妇，由于二儿子好吃懒做，逼得人家走了，现在留下一个孙子给我们，自己不知道跑到哪里去了。现在由我们带着孙子，他上学的时候我们就在城里租了一个房子，我老伴勾些棉鞋、鞋垫等去摆摊卖，也能有点收入。自己就老家城里两边跑，忙活一些家里的农活，偶尔去打打零工，加上政府的一些补助，一年有 3 万元左右的收入。""我对农村产业发展的认识主要是村里的一些政策宣传，自己平时在电视上也了解一点，主要就是为现在的乡村振兴战略做准备吧，让农民的日子越来越好，收入越来越高。我认为村里的产业发展挺好的，让我们种西红柿、黄瓜、烤烟，都有补偿，时不时还有人组织我们一起培训，起码这样我们吃的不愁了。"他表示村里的产业发展主要靠政府的政策，政府有什么补偿，农民也就相应地去做这些事，就是希望这些政策不要短时间就结束了，适当的也可以再多些补助，总体来说对村里的产业发展还是挺满意的。家庭收入相比三年前是有增加的，政府关于种植方面的补贴，还有相应的技术培训都让他增加了收入。"我认为农村产业发展带来最大的变化就是我们农民的收入有了保障，最大的问题就是村里有很多不大有文化的人，对于有些政策可能理解不了，有些还有抵抗情绪，这就是思想方面的问题了。政府应该针对这方面，把宣传政策重视起来，同时增加相关的技术培训次数。"目前最大的困难是年龄大了，对有些政策不是那么理解，希望相关人员能多些宣传。他认为村以后可以在养殖方面加大投资力度。

铜仁市思南县大坝场镇花坪村一名36岁女性被访者，济南市移入本村居民，其在生态畜牧合作社的工作是负责自家年出栏量500头黑山羊。小时候家境殷实，受过良好的家庭教育，山东大学本科毕业，家庭年总收入100万元左右。"与丈夫离婚后独自带小孩生活，大学本科毕业后进入企业工作，经过几年的打拼，在家人的支持下毅然放弃城市生活，只身来到农村创业。在当地政府和本村农民的支持下，创立了花坪村第一个具有一定规模的生态畜牧养殖合作社。"她认为农村产业发展增加农民收入，推进农村可持续发展从而推动乡村振兴战略的有效实施。对于当前本村产业发展的状况，她的满意度一般，认为本村的产业发展还有很长的路要走。谈及为何选择在本村进行创业，她说本村土地资源丰富，气候适宜，地理位置优越，交通便利，这些优势可以助推本村产业发展。关于当前她的家庭收入情况，她表示与之前相比较收入有所减少，因为前期圈舍投资和其他支出差不多有一百来万。说起农村产业发展中产业应该具有哪些特点时，她认为产业发展前景好，经济效益高，乡村产业质量持续增长力强是顺利推进农村产业发展的必要元素，并且指出农村产业发展需要与县域内的产业发展深度契合，发展具有地域特色的产业。"农村产业发展目前最大的困难是生产技术落后、思想观念淡薄、人才不足，政府需要制定可行措施克服这些困难，为农民提供技术服务和鼓励农村人才回乡创业。资金薄弱，抗风险能力较差是我目前遇到的最大困难。"

铜仁市松桃县乌罗镇前进村龙家贯组一名53岁女性被访者，小学学历。"嫁入本村快30年了，现在有一儿一女，儿子已经结婚生子，还未分家，女儿还在读初中。我之前一直在外务工，去年儿媳妇生小孩，就在家照看小孙子。目前家里的经济来源主要依靠丈夫和儿子在外务工，每年大概挣六七万元，挣钱太少，负担重。"提到当地农村产业时，她深有体会，她说当地的产业都是种植业，主要种茶、辣椒和红薯，但是说起对农村产业发展的了解，她毫不知情。"村里从来没有宣传过，也没有任何培训，我没读多少书，听不懂这些。平时需要人工种植时，村干部和政府人员会来村里叫人去地里做小工，我们主要负责挖土、除草、种苗、打农药等工作，每天可以得到七八十块钱劳务费。"问起产业发展如何，她说到，她们种的辣椒和红薯长得特别好，去年一根辣椒可以结几百个小泡椒，一个红薯可以长到四五斤，主要因为当地阳光充足，温度比较合适。"我们这边种植的作物都长得好，可以卖个好价钱，但是大部分钱都被外地的老板赚了，我们当地农民只是赚点小工钱，并不多。要不是我留在家照看小孙子，出去打工一天至少能赚一百七八十元，如果政府没有征地搞产业，我也能种点庄稼。"她希望政府人员能够多为老百姓着想，多培养本地的人才，希望看见家乡发展得越来越好。在谈到农村产业发展中存在什么问题时，她表示政府缺乏对外宣传和培训，需要鼓励乡村人才创业，多一点优惠政策让外出务工的人们留下来参与产业发展。她希望未来村里的茶产业能够发展壮大，不断完善，提升经济效益，大家都能参与其中，让本村人去经营。目前最重要的事是把自己的小孙子照看好，保护他茁壮成长。

铜仁市松桃县乌罗镇前进村龙家贯组一名 49 岁男性被访者，"我务农，但不忙时也在周边地方做临时工赚钱，初中读到初二。一家四口人，一儿一女和妻子，儿子刚参加工作，女儿今年大四。目前家里的主要经济来源是儿子工作以及夫妻二人务农和平时做临时工的收入，一年保守估计五万元。我们这个地方适合种辣椒和土豆，没必要经常换着种其他的，之前政府说要搞品牌产业，要求种药材，结果种了一年没怎么长，全部浪费了。"说起产业发展对自己的影响，他说当地的产业都是外地老板来承包，即使产量不错，卖出好价钱也是承包老板们赚钱，赚完钱就走了，没给当地投资什么，作为当地农民没有多大的经济效益。"政府要想农民真正过得好，就是要农民管理自己的田，自产自销，不过需要政府来支持我们，农民世世代代的手艺就是种田，而且当地的田我们自己最清楚适合种什么，怎么种。政府最好支持鼓励我们自己来搞，政府多宣传，多搞培训，这样农民才有参与感，村里的产业才能发展得好。"在谈到农村产业发展存在哪些问题时，他认为政府缺乏宣传和培训，未鼓励当地人自己经营产业。只有多宣传，多培训，让当地人掌握经营权，才能带动村里人参与产业发展，才能真正让村里人享受到实惠。他希望村里的茶产业能够发展起来，为村里人带来经济效益，共同参与，一起富起来。他认为个人目前面临的最大困难是自己身患大病，要养好自己的身体，因为病随时有复发的可能。

仁怀市苍龙街道办事处板桥村一名43岁男性被访者，农民工，小学文化，农村城市两边住，之前一直外出打工，谈及家庭年总收入的时候他没有说，只表示够日常的吃住开支。"我学历不高，很早就决定外出打工，在外面收入还行，但是也只够家人生活开销。我们村发展种植业和养殖业比较好，因为山清水秀，自然资源比较充足，基本上没有大的污染。"因为茅台酒厂的发展，他们那边修建了机场；又因为机场的修建，他们的土地被占用了，所以政府赔给了他们一套城里的房子。"我常年在外打工，我认为农村产业发展会增加农民的收入，其他的就不太了解了。在农村基本上只能种地，收入只能够维持日常生活，如果想要增加收入就只能去打工。我对农村的产业发展和产业扶贫等都不了解，也没有发现这些政策影响到我们村里人的生活水平。基本上，修机场占用土地的就可以到城里去居住，没有被占用土地的大部分人还是很穷，有的孩子结婚都买不起房子。"他认为不管搞什么产业，最好都要做好基层工作，不要只是搞宣传，宣传只是形式主义，基本上没有落到实处。他认为种植业、养殖业、旅游观光业、住宿餐饮业都是他们村发展比较可靠的产业，但是发展没有什么起色，投资倒是挺大。在谈论村里的农村产业发展方面的政策、人、产业时，他表示，村干部首先要自己学懂政策，对村民做好宣传工作，要有明确的发展规划，让村民看到发展的希望。他认为村里未来发展的方向是种植蔬菜和水果等，因为农村人口多，搞种植业不缺人。

仁怀市苍龙街道办事处板桥村一名23岁女性被访者，在读研究生。"虽然我住在农村，但是离城市比较近。因为担心以后的就业问题，所以读完本科考了研究生。父母都在外打工，家里就我一人读书，四个人挣钱，一年的总收入8万元左右。"接受教育时就了解到农村产业发展，所以她认为农村发展产业的目的就是解决当前农业结构性矛盾、增加农民收入。"村里安排做一些动物防疫培训、农牧业实用技术培训，村委会也对村干部进行了党建知识培训。农村产业要发展就要有自己独特的乡村品牌，最好是能展现某个村的独具特色的乡村文化特色产业。"目前在她看来，就是技术落后，思想观念不先进。"除了酒产业的发展，还应该发展其他的养猪产业，虽然有人在养殖猪或者鸡，但都是自己创业，并没有经过专业的培训，也没有得到政府的扶持，我觉得政府应加强其他产业的支持力度。"在她看来，村里很多人的文化程度并不高，想进酒厂的学历不够，能考进去的人不多。大多数人是靠着酒厂需要高粱，去种植高粱，但是因为种植的人太多，要是自己经验不够就只能想办法种植其他的农作物来弥补收入方面的问题。她认为种植业、养殖业、农副产品加工业、住宿餐饮业都是她们村发展比较可靠的产业，发展起色还可以，投资挺大的。她认为她们村酒产业的发展虽然给交通带来了便利，但是并没有发展其他的产业。她目前最大的困难是就业问题。她认为村里未来发展的方向，除了酒产业，还应大力发展养殖业，在养猪养鸡等方面政府要给予资金支持和技术培训。

仁怀市苍龙街道办事处板桥村一名 55 岁男性被访者，当前居住在农村。"从小一直住在这里，没有过任何的搬迁经历，而且只有小学学历，只能在家务农。年龄大了，种植方面的收入就是家里的总收入了，一年7000 元左右。"对于农村发展的产业，在他看来就是种植业和养殖业，发展产业就是要增加农民的收入。"我们村落距离镇里还是很近的，坐公交车很方便。村里种植红高粱，还进行了一定程度上的培训。乡村产业质量是最重要的，只有质量好了，才能向其他的地方推销。在农村产业发展中，重要的是搞好基础设施的建设，不管种植什么，收成的时候能够方便车辆的运输。要是人力没办法的话，交通便利对农民来说就是最好的帮助。"但是他认为，村里的一些干部耐心不够，只是需要的时候，到宣传栏张贴一些通告，入户讲解动员不充分，对于他们上了年纪的人来说，看不懂。他认为最大的困难是买房子的时候欠了很多外债，现在年纪大了，感觉还钱有点困难了。对于村里未来发展的方向，他认为村里土地较多，可以大力发展养殖与种植，可以组织农民种点高产作物。

仁怀市苍龙街道办事处板桥村一名 24 岁男性被访者，打算一年后本科毕业回到当地县城找工作，目前在贵州读大三。父母务农一年收入 1 万元左右。"村里变化挺大的，但是留在村里的大都是老弱病残，年轻人都出去打工了，在家收入不高，感觉年轻人更愿意在城市定居生活。虽然城镇化日益普及，百姓生活日益富足，但这只是大趋势，从小的缩影即我自己村来看，城镇化要真正的普及估计还需要较长时间。我们村离县城也就十来公里，但是还没有开通公交线路，道路硬化带比较狭窄，路上没路灯，村里有乱建乱扔的现象。听说要整改，希望尽快得到落实。村里的农民多数没文化，也不知道这些问题与自身息息相关，有文化知识的基本不在村里生活，所以，政府要吸引人才，帮助农户培育特色产业，扶持企业发展才是解决农民经济困难的长久之计。"就他个人而言，他很乐意变成城镇户口，他觉得这是一个必然的事儿，只是时间的问题。政府接下来就要从完善基础设施建设、组织规模化产业、帮助农民招商引资、发展绿色产业、对接县域产业、发展地域特色产业入手。他目前最大的困难是还在上学，经济上还需要依靠父母。对于村里未来发展的方向，他认为交通不方便，离城镇较远，村里还是以农业和养殖业为主，又由于此地有山有水，以后可以开发旅游业。

盘州市新民镇林家田村一名40岁女性被访者，在外务工，"由于家庭困难，初中毕业后就跟随同村人一起去外面打工，在工厂认识了现在的老公。最近五年都是和丈夫一起在外务工，育有一对儿女，分别是4岁和6岁，带在我身边抚养。父母年纪大了，在家做农活，种一些平时吃的菜，养了两头猪。最近几年家庭条件稍微好了些，我已经购买了家庭轿车，家里有什么事情或者逢年过节都会回家。"她与丈夫都是工厂的职工，两人年总收入10万元左右，她表示现在的生活很好，自己平时很节俭，所以对于现在的收入很满意。家里只有两位老人，她与丈夫很想回到家乡发展，但是由于回家乡工资很低，也不知道做什么，她与丈夫打算存一些钱，过几年再回到家乡买套房，带着孩子在家乡生活。谈到农村产业发展时，她表示不知道，只是回到家乡通过别人描述和自己所见，认为村子在变好。"很多农民家种有桃树和橘子树，虽然味道不是很好，但是收成不错。我小时候家门前有很多水稻田，现在水稻田少多了。希望家乡能够发展起来，让我回到家乡有一份工作，现在社会压力很大，如果不出去打工，根本养不起两个孩子，回到家乡如果有一份工作，不仅可以不用在外奔波，还可以照顾家里的老人。我在外省打工看到外面很多农村发展得很好，我希望我的家乡在治理方面做出更多工作，让家乡成为一个好生态好宜居的村子。"

盘州市新民镇林家田村一名30岁男性被访者，军人，大专学历，"家里兄妹多，小时候家庭条件不好，我是家里唯一一个完成了九年义务教育的人。由于在部队，极少数时间回家，但是对家乡的发展还是有所了解的。"他本人年收入10万元左右，他的父亲在村里享有高龄补助（80岁以上老人），具有劳动能力（仅限于农活）；他的母亲近两年开始养猪，目前来看，如果猪仔能够顺利成长和猪市行情好的话，每年可以收入1万余元。在谈及农村产业发展时，他表示政策是好的，但是要因地制宜，一切从实际出发，最好征求本村农民的意愿，不要过于勉强，一刀切。有些土地适合种某种产物，但有些不适合。"我的母亲，以前都是种植玉米和小麦，但由于村里要求全村人种植石榴树，现在已经种了五年。石榴树苗是村委免费发放的，发放的时候说种了以后会给予部分补助（一棵树几十元到一百元）。我家种植100余棵。对于要求全村人种植石榴树，这个政策出发点是好的，但是不符合村里的土地环境和人口因素。我认为本村有些很好的良田不应该用来种植果树，而是应该用来种植水稻，而且有些石榴并不适合当地土壤，结果就造成农民两样都没有得到收成。"他认为在他们村应该寻找土地适合的果树，或者跟着农民自己的意向去做决定，为农民提供政策、技术、作物支持。他认为本村未来的发展方向，需要挖掘村落特色，培养或打造精神文化生活；加强卫生监督和管理、提高农民素质；改善交通环境，维护交通通畅和村寨形象；加强党建宣传和民族精神宣传；充分利用集体土地和山地，不要让土地荒着；他表示如果可以发展一些非物质文化遗产就最好不过了。

盘州市新民镇林家田村一名35岁男性被访者，大专学历，"目前在工地上班，由于上一个工地已经结工，所以正在等待下一个工地的开工通知。我妻子在结婚前在镇幼儿园当幼师，幼儿园的老师不多，所以工作很忙，工资也不高。结婚后，她将重心转移到家庭，辞去了幼师工作。我们年总收入5万元到8万元，如果工地工期长，收入就会高一些，但是大部分工地工作很不稳定。"在谈及农村产业发展时，他表示不了解具体内容。"我们村前几年统一种植石榴树，刚开始的一两年，种植出来的果子质量非常差，所以很多农民都放弃了种植，只有剩余的少数人还在种植。不过，值得开心的是，剩下种植石榴树的人有了好收成，近两年果树都成长得很好，现在种的又大又甜。"他说道，"年前政府要求村里种植蚕豆100亩左右，不过没有人到村里和各家各户宣传其种植政策以及种植方法，这100亩蚕豆均是组织村干部种植，但村干部种不完，他们会请村里人来种，听说这批蚕豆已经和餐厅合作。"他觉得在他们村发展产业很难，"农村太缺钱了"。对于建议他只说，除了种植水果，农业没什么发展的。希望发展旅游业和招商引资，如果有投资有发展他就愿意回到家乡就业。他指出，现在的农村有两大不足：缺钱和缺技术人员。"村里的年轻劳动力大都在外务工，而村里的大都是老年人，很难有进一步发展。不过，现在村里的环境比以前好了很多，家家户户都修起了楼房，购买了小轿车。"

盘州市新民镇林家田村一名43岁男性被访者，中专学历，三兄妹，父母都在家务农，均70多岁。三兄妹都在本乡镇工作，但是都没有与父母生活在一起。"我在县城读的中专，毕业后从事多项职业（外出务工、自己开店做生意等），我有三个孩子，妻子在镇医院从事护士工作，我在镇医院开镇里唯一一台救护车。镇中心距离林家田村车程20分钟。家庭年总收入六万多元，但由于孩子多，压力很大。在镇里住的是医院提供的宿舍，老家的房子是平房，我想在老家修建房屋，但由于经济困难一直没做，老家平房环境良好。"他表示了解一点农村产业发展。几年前村委要求农民把农田用来种植石榴树，但经过大规模种植和几个生长周期后，种植石榴树并没有赚到钱，后来村里没有再要求规模性种植石榴树，而是由农民自愿决定。"村里的产业发展有两点问题，第一，销售是最大的问题，种植出来卖不出去。农民没有渠道，很多果子烂在树上或农民摘回去自己吃。第二，缺少技术指导，种出来的果子并不是优质水果。我个人建议，如果村里有发展产业的意向，希望号召年轻人都回到家乡并且邀请技术专家来指导。目前，大多是老年人在家，老年人对专业技术不熟悉，不适宜参加较长时间或大规模的农业种植。"他认为村里可以发展水稻种植以及旅游业，他表示他们村有温泉、梯田以及鱼龙化石，拥有非常好的原生态资源。目前，对于这些旅游资源的宣传力度不大，资源开发不充分，但很看好本村未来的发展。

（二）不支持态度

由于对农村产业发展持不支持态度的被访者只有 5 人，本部分选择全部呈现这些被访者的访谈实录。

毕节市大方县鼎新乡兴启村一名 55 岁男性被访者，初中文化，每周除了做点农活之外就是到处去买猪，把猪肉卖给当地的中学，家庭年总收入 3 万—5 万元。虽然读过几年书，但是并不知道什么是产业发展。"我们这几十年来一直这样做的，种苞谷不影响种洋芋，都是套种，一年收成也不少。虽然家庭主要收入来源并不是农业，但是对于村委今年的决定并不满意。如果可以，我还是愿意像祖祖辈辈那样种地。自己家不缺吃穿了，不愿意折腾了。"他认为传统生活挺好的，传统生产方式也挺好的，没有必要改变。自己目前面临的最大困难是资金短缺。他表示兴启村地理位置较偏，未来村里依旧是发展种植业。

毕节市大方县鼎新乡兴启村一名 52 岁女性被访者，没有上过学，常年在家务农，种点蔬菜赶集的时候卖，家庭年总收入 1 万元左右。她表示没有听说过农村产业发展，也不懂。"我们这里一直以来都是种苞谷、洋芋、豆子，还有荞子，但是 2020 年过完年的时候，村里说给大家免费提供洋芋种，让村里人不要再种其他农作物了，所以我们家从政府那里领了 500 斤洋芋种。"问及怎样看待村委鼓励种土豆不种其他的农作物的这个决定时，她表示种玉米并不影响种土豆，只种土豆的收成没有套种的多。"国家和政府关心老百姓，给的政策肯定是利国利民的好政策，可是落实到老百姓身上的时候，就需要考虑到许多具体的情况了。就像 2020 年的安排，不仅不能想办法帮老百姓发展经济，反而给大家带来负担，减少家庭收入。"她建议可以把大家的田聚拢起来，搭建大棚种蔬菜，种反季节绿色蔬菜，还要种大豆、玉米。"其实最难的是缺资金和技术，如果村委能给大家找到老板来投资的话，应该就没有什么困难了。我觉得只让种洋芋不好，卖不出去，坏掉浪费了。"她目前面临的最大困难是资金短缺。她表示兴启村地理位置较偏，未来村里依旧是发展种植业和养殖业。

毕节市大方县鼎新乡兴启村一名 36 岁女性被访者，兴启村双水井人，农民，高中毕业后与丈夫外出打工，现居住在农村，家庭主要收入来源是务工，年总收入5万—8万元。"我和丈夫结婚后两人常年在浙江打工，由于家中两个小孩都到了上学的年纪，所以我不得不回家照顾孩子上学。以前我和丈夫在外地打工，公婆在家务农。但是公婆年纪越来越大，身体大不如从前，孩子又要上学，不得不留一人在家照顾。"对于农村产业发展，她说全村人都参与了，她家也不例外，但是她说："前几年没在家，不知道具体情况，但是今年参与了，感觉没啥用。我认为的农村产业发展是政府帮助大家发展好产业，从而带动老百姓脱贫致富，很明显实际上政府是用心了，但是收成并不理想，也没有好的销路。不但没有带动经济发展，反而给大家带来负担。我家总共3亩多地，去年我公婆在家套种洋芋、苞谷和花豆，秋收完苞谷后种上豌豆，一年下来的粮食除了喂牲口的，剩余的还卖得两万多块钱，但是今年一半的一半都没得到，还不如在外面上班挣得多。"自己目前面临的最大困难是资金短缺和没有技术，她觉得兴启村未来的发展方向是特色农业。

铜仁市松桃苗族自治县大兴镇婆硐村一名22岁男性被访者，是一名本科在读大学生，只有小学是在村里读的，初中和高中都在市里读，假期才会回到老家，在农村的时间较少；平日父母半农半工，在村里的时间不多。"对于农村产业发展赋能乡村振兴战略，我没有太关注，我未来不会在农村发展，我准备在城市找工作或者考国家公务员。"他认为农村产业发展和乡村振兴战略靠的是政府招商引资，农民以土地资源和劳动力资源进行入股参与。"农村产业发展面临收入低、收益面窄、起步难、基础设施条件差等很多困难。我觉得没必要大力投资乡村产业，因为投资太大，回报远远不够。最好的投资应该是在教育上。过去国家通过宣传标语'外出打工，捡了芝麻丢了西瓜'来呼吁家长减少外出，减少留守儿童，但是不外出打工的大部分家庭现在经济条件并不好。解决好农村教育问题，人才的培育才是首要的。"他当前面对的最大问题是即将毕业后的就业问题。对村里未来的产业发展方向没有考虑过，不太清楚。

盘州市新民镇林家田村一名73岁男性被访者，小学毕业，"年轻时当过乡村教师、赤脚医生、墓碑工匠等，做过很多工作，现在老了，就上山挖挖地。年轻时当教师有微薄的补助，都用来给孩子们读书了，几十年前，生活十分艰苦。后来做墓碑工匠时，我承包了一片山林，从采石到打出成品都由我自己完成，但总是以最低价卖给别人，所以做工匠那几年虽然行情好，也没有赚到钱。现在基本没有什么收入，我在家和老伴种种地，在家门前种有葡萄、梨子、李子，在山上还种了桃子和橘子。这些种子都是我儿子从城里买回来的。现在门前的一片李子林种植得太茂密，树叶太多，并没有结果。"谈及农村产业发展时，他不是很明白，但是他说作为一个老农民，他能感受到现在的生活越来越好了，以前上山的路很远，现在他可以骑着摩托车到山下，节约了很多时间。"我不支持统一种植农作物，因为我只会种一些传统的农作物，现在的产业发展我完全不懂。现在的农村有了大马路、电灯、自来水，已经很好了，希望村里和政府不要要求我种植我不熟悉的作物，我想种自己需要的东西。我需要种一些平时要吃的菜或者谷物。"他认为，自己的老家很好，有万亩梯田，还有活化石，是一个很好的风景旅游区，在访谈过程中，可以看出，他很期待家乡旅游业的发展，他认为，发展旅游业是最赚钱的。

（三）无所谓不关心态度

对农村产业发展持无所谓不关心态度的被访者一共 18 人，本部分只选择了具有典型代表性的被访者实录呈现。

黔东南自治州凯里市碧波镇先锋村一名 45 岁男性被访者，先锋村当地人，小学学历。"我和妻子常年在外务工，两个儿子也常年在外打工，一家四口家庭年收入大约为 12 万元。由于常年在外务工，所以对农村产业发展概念不是很了解，对相关政策也不关心，没有参与到村里的产业发展中。我觉得村里产业发展一般，发展的成果难以惠及每一户农民，一般情况下只有参与的人才能分一杯羹，其他人则观望。"他没有参加过村里组织的任何技术培训，家庭年收入相比三年前有所增加，但是是外出务工所得的，不是务农所得。他说在家发展农业没有前途，养活不了家人，因为自家的土地不多，而且位置不好，不能规模化种植，就算在家务农也没有在外打工的工资高。农村产业发展过程中，他认为政府应该鼓励乡村人才创业，最大限度地留住外出务工的人口，帮助农民招商引资，提供更多的就业机会，这样出去打工的人就少了，农村产业也就发展起来了，农村也就越来越好了。在谈论到农村产业发展政策、人、产业存在哪些问题时，他表示不关心也不知道。他当前面临最大的困难是外出打工越来越难，经常结不了工资。对该村未来的发展方向他也表示不清楚，没有想过这个问题。

黔东南自治州凯里市碧波镇先锋村一名18岁高中在读女孩，独生子女，母亲外出打工，父亲在家发展养殖业，家庭年收入5万元左右。"我们村最主要的产业是种植业，我和家人没有参与到村里的产业发展中。我们村产业发展较好，家庭收入相比三年前增加了不少，这都得益于国家政策的支持。现在的政策越来越好了，家里发展的养鱼业也赚到钱了，我母亲都不打算在外务工了，想回来跟我父亲一起经营渔业。"她认为农村产业发展应该重视发展地域特色产业，形成品牌效应，加强各产业之间的联系。在乡村振兴战略提出后，她本人对产业兴旺、生态宜居、乡风文明比较感兴趣，用她的话说就是希望家乡发展得像旅游地一样人人都向往。在谈论到农村产业发展政策、人、产业存在哪些问题时，她表示不知道，不清楚也不关心。她家目前最大的困难是缺乏资金，因为家里的养鱼业需要大量的流动资金，想扩大养殖没有资金支持。对于该村未来的发展方向，她表示不清楚，没想过，跟她没有关系。

黔东南自治州凯里市碧波镇先锋村一名65岁男性被访者，小学学历，居住地农村，儿子和儿媳常年在外做生意，孙子跟着儿子一起生活，他成了一名留守老人，他平常在家务农，年收入8000元左右。"我对农村产业发展没有明确的概念，也不关心政策，到我这把年纪不想去关心政策了，只有涉及自己利益的时候才会去学习了解政策。我每年都种玉米，收了之后拿去卖钱，收入来来回回就是这些，遇上玉米价格高的话，就能卖到更多的钱，不过最近几年的种粮补贴倒是慢慢增加，这些补贴够买种子和肥料了。""最近几年都有老板来承包田地，用来种瓜果蔬菜，我也可以获取土地的租金和分红，不用劳动就可以获得一笔收入，还是很高兴的。"当问到目前发展的困境时，他说年纪大了干不了，有时候收庄稼都需要子女回来帮忙，不务农的话在家又闲不住，土地撂荒了也可惜。他认为农村产业发展过程中，政府应该鼓励乡村人才创业，创造更多的就业机会，这样就少一些人外出打工，自己也不会成为留守老人了。在谈论到农村产业发展政策、人、产业存在哪些问题时，他表示不清楚不知道，也没有什么看法。他当前面临最大的问题是作为留守老人比较孤独，希望子女都在身边。对于该村的发展方向表示不关心没有想法。

黔南布依族苗族自治州三都水族自治县中和镇新阳村蓝领组一名45岁女性被访者，地地道道的农村人，隔壁村嫁到新阳村，没读过书，常年在浙江打工赚钱，丈夫常年带病，有三个孩子，两个孩子还在读书，年总收入为4万元。"小时候家里穷，所以没有读书。自己从小跟父母在家做农活，到了20岁，经人介绍嫁给新阳村的石某，生了两个女儿和一个儿子，但婚后10年的一次意外，丈夫脑部受了重伤，精神开始不正常。从此家中的所有经济负担都落到了我一个人身上。当时孩子们都还小，所以也只有在家做农活勉强够一家人生活，孩子渐渐长大后学费压力越来越大，留孩子给爷爷奶奶带，然后我一个人外出打工填补家用，一年赚4万元左右。现在大女儿和小女儿还在读书，但是儿子结婚了，所以负担也不是很重。去年在县城分到了搬迁房，自己建新房给儿子结婚的负担就没有了，现在的主要任务是赚钱给两个女儿读书（大女儿读大学，小女儿读高中)。"对于农村产业发展并不了解，也不关心，表示只要不占她家的田地就好，因为丈夫还在家，需要老人看着，自己又赚钱养家，基本上没有精力去想其他的事情。虽然已搬到县城里居住，但她并不想成为城市户口，因为她家目前还是低保户，能得到政府的补助，帮她孩子读完大学，而且自己没读过书，在县城找工作很难。她目前最大的期望就是儿子能尽快给她生个孙子，然后她就可以回老家带孙子，随便种点地。在谈论农村产业发展赋能乡村振兴战略时，她并不了解，也不关心，觉得在家种植是没有钱存下来的，如果老人生病的话，在家连去医院的钱都没有，孩子读书的钱也没有。

遵义市习水县回龙镇周家村一名66岁女性被访者，没读过书，老伴去世，常年自己一个人在家，一辈子种田、种地。有两个儿子一个女儿，两个儿子和儿媳常年外出打工，只有有事或者过年才回来家里，总共有五个孙子，三个孙子在外打工，有一个孙子在上大学，一个孙女在上高中。家庭年收入7000元左右。她对农村产业发展中存在的问题不太清楚。认为自身目前最大的困难是比较贫困。不太了解本村未来的发展方向。"我对农村产业发展不太了解，也没有人详细地和我说过。家庭收入与三年前相比，并没有改变。村里的产业是种植业和养殖业，没有其他产业，我认为村子发展受到限制的原因是没有产业。"她对该村产业发展表示不太满意。对农村产业发展所需要重视的地方、所带来的改变以及相关的问题都表示不清楚，不了解。在谈论到农村产业发展政策、人、产业存在哪些问题时，她也表示不知道，不清楚。

遵义市习水县回龙镇周家村一名58岁男性被访者，小学学历，常年在家务农，儿子和女儿在外务工，家庭年收入6500元左右。"我在家干农活，儿子和女儿长期在外打工，我对村里的情况了解不多，但是知道因为需要的高粱多了，高粱涨价了，所以大家都种高粱。"他对该村产业发展的满意度为一般，认为本村产业发展较差。针对农村产业发展中政策、人、产业存在哪些问题，他认为存在缺少人员，宣传不到位，缺乏技术等问题；认为应该加强宣传，吸引人才，加强技能培训。目前最大的困难是缺乏技能，就业困难，他说政策的技术支持较少帮助他减轻负担。对于本村未来的发展方向，表示不清楚。

遵义市红花岗区新舟镇绿塘村一名56岁女性被访者，生活来源主要是务农所得，没有回答经济收入。"我30多年前从仁怀嫁到绿塘村，上学到小学一年级，一直居住在农村，家里三个女儿常年在外务工，还有一个儿子在外地上大学。我和丈夫身体多病，身体条件所限不能做重活，经济上也有一定困难。我在当地的旅游景区工作，负责道路垃圾拾捡工作，我对农村产业发展一点儿也不懂。村里也开展过厨师技能培训，我也积极参与了，但是并未以此技能就业。"她认为政府并没有帮扶到她的家庭，生活并没有得到改善。谈论到产业发展的问题与建议时，她的态度很明确，对其不了解，不知道，不关心。她当下的最大困难就是脑血栓病情、高血压病情多次复发，对她们村的未来发展方向不清楚。

遵义市红花岗区新舟镇绿塘村一名15岁男性被访者，在读高中生，居住地农村，因为不知道家庭的具体收入状况，所以没有回答经济收入，家里有一个姐姐在读大学，母亲因病丧失劳动能力，父亲常年在外务工，他们是建档立卡户。"政府发了一点钱修房子，具体政策我不知道，只知道我们村在发展旅游业，但也没有参与发展，不知道什么是产业发展，从来没听过，对村里的培训、政策都不清楚，只希望我们村富裕起来。"谈论过程中，因为该访谈对象一直在学校封闭学习，对产业一无所知，他说当下的最大困难是学习压力大。

遵义市余庆县白泥镇下里村二组一名25岁男性被访者，往届大学毕业生，家在农村，但从小在县城长大，农村户口。毕业后准备报考事业单位，家庭年收入8万元左右。"父亲在外务工，母亲在县城做清洁工，弟弟上小学六年级，成绩优异。2019年在贵州中医药大学法律系毕业后，先后在贵阳喷水池附近多家律师事务所从事相关工作，后因家庭原因回到余庆县准备报考事业单位，在余庆准备考试期间一直在县法院做法务的临时工。"他表示，2019年父亲因肾结石在遵义专区医院动手术，他前往照顾，学医的女朋友对父亲的疗养方法提出异议，并因此和医生大吵一架，父亲为了减少子女的矛盾而选择听之任之，有效地避免了让儿子为难。2020年女友选择留在遵义发展，他回到了农村老家，两人就此分手。2020年11月，父亲在工地意外去世，母亲病倒，家中亲戚朋友一起去外地处理相关事宜并商量赔偿，在家举行后事。他的老家在余庆县的一个小乡镇，父母经过多年的努力终于在县城购买了一套260平的房子，房贷还有一部分没有还完，自己没有稳定的工作，父亲去世，全家的生活陷入了迷茫。他听从家人的建议，留在县城照顾母亲和未成年的弟弟，日子过得异常压抑。"最近一段时间，以前的亲朋故旧都结婚了，随份子钱好几千元，感觉生活压力大，家里也在催婚，但是现在连女朋友都没有，感觉到了这个年龄还让父母操心，很对不起他们。而且我家刚刚遭遇了这种情况，农村发展对我而言，已经无关紧要了。父母通过自己的努力已经将我们两兄弟带出了农村，我现在关心的是如何将家庭从悲伤的气氛中脱离出来。"他表示，近几年国家对农村的关注扶持力度比较大，"厕所改造""危房改造""建档立卡"等都取得了很大的成效，但是农村人才、人口外流的问题还是没有得到解决，还是没有从根本上找到动力源泉。"只有当地的人才会对当地存在感情，才会把自己的老家建设得更好，而不是靠外人去帮扶。扶贫先扶志，只有让人才回归才能使当地经济恢复活力，才能让农村从根本上发展起来。就城市化进程而言，县政府通过一定的扶贫帮扶政策让偏远地区的老百姓搬到城里来居住，并给他们解决生活问题，余庆的城市化是靠扶持贫困人口做起来的，而不是自身的产业优势吸引外地人。"同时他表示，自疫情以来，市场上各类生意都不景气，在外务工的亲戚朋友都相继返回，受到他们的影响，更加坚定了他报考事业单位的想法，用他的话来说就是旱涝保收。虽然在县城长大但还是农村户口，老家也有田地，前段时间家里突发意外，让整个家庭失去了最稳定的收入来源，自己的人生轨迹因此而改变。就农村产业发展而言，他认为，青壮年劳动力外流是当下最严重的问题，现在的年轻人不愿再回到农村，这是农村很难发展的根本原因。

遵义市余庆县白泥镇下里村二组一名 21 岁女性被访者，大专毕业，农村户口，曾是下里村幼儿园的老师，现家庭年收入 9 万元左右。公婆家比原生家庭条件好很多。原生家庭所在村主要是烟草种植，效益还可以。"我是余庆县松烟镇人，2019 年结婚嫁到这里，育有一子。结婚前我从事幼教工作。先生与前妻有一子快上幼儿园了，前妻也是余庆县松烟镇人，我和他前妻家庭条件都非常艰苦。去年我们全家去重庆务工，公公和先生在装修公司打工，我和婆婆在家照顾两个孩子。因为年关将近，所以全家都回到老家过年。因为跨省的原因在家隔离了 14 天，每天都有村卫生室的人来查看健康状况并测量登记体温。"她觉得现在住的这个村子比自己从小生活的村子要便捷得多，村子到县城 2 公里的距离。她表示自己嫁对了人，家里大的孩子虽然不是亲生的，但一样视如己出，小孩犯错的时候自己一样的管教，一样的动手教育，家里其他人都没有意见。因为没有受过太多教育，也没有一技之长，不知道自己能干什么，目前来说就是带好家里的两个孩子。"好在公公婆婆都还年轻，先生也是浪子回头，家里还有点积蓄，日子过得倒还行。先生大我 8 岁，以前经常拈花惹草，但是和我结婚后痛改前非，并将所有的工资都交给我保管。在工资问题上，公公婆婆也没有意见。"自己现在对生活没有规划，一方面是个人能力问题，另一方面是每天照顾两个孩子，已经消磨了大部分时间和精力，没有心情规划未来的路了。在回来几天后，自己的父母也来看自己，这是父母第一次见外孙。"父母看到这家人对我那么好，过得开心，他们也就放心了。但是父母由于常年劳作，身体状况不是很好，这是我目前最担心的问题，担心如果哪一天父母病了、老了，我该怎么办，又没有收入来源，也不好问夫家开口。"她对农村产业发展的了解全都来自某音，不得不说某音在人们信息获取的途径中扮演着重要角色，也日益影响着人们的思维方式。她已经不愿意花时间去思考问题了，哪怕是孩子的尿不湿和奶粉，都是网上说谁好，她就觉得谁好。她没有改变户口的想法，觉得农村户口挺好，年后仍会回重庆务工。对农村产业发展的了解是在某音上刷到的，没有自己的看法。认为农村发展的方向是种植烟草，同时希望提高烟草统一收购价。

遵义市余庆县白泥镇下里村二组一名46岁男性被访者，主要工作是摩托车营运，俗称跑摩的。原生家庭条件不错，兄弟姐妹多，但父母对其缺乏教育，小学未毕业。因为父辈重男轻女的思想让他养成了好吃懒做的习惯，年收入5万元左右。其儿子在深圳碧桂园某项目工地，月入过万，但从不给家里寄钱。他妻子因为难产而死，父母过世近15年，这些年一直想着续弦，忽略了对独子的教育，年轻时一人吃饱全家不饿，时常打骂孩子。农村户口，家兄做了十几年村主任，本人没有固定工作，近几年才开始跑摩的。兄弟朋友较多，喜欢一起吃吃喝喝，对农村产业表示没钱投资也没时间参与，主要是嫌累。家里前两年土地征收，用征收款盖了新房，基本温饱不成问题。对于村里的发展问题不关心，认为大家都各扫门前雪，多一事不如少一事，除非政府拨款。他认为村里发展主要靠政策支持，发展得还行，没有关注过村里组织的培训。"家中目前就我一个人，儿子除春节外常年在外。讨老婆的事这么多年也花了很多钱，一直没有成功。除了懒散以外就是不讲究个人卫生。目前想着评上低保户，但是家中有2层小楼不符合标准。我只能干跑摩的这种不用受苦受累的活儿来维持生活。但是经常被交警罚款，也经常酒后挨打住院，这半年来已经住4次院了，儿子回来看过2次。对户口没要求，家中土地全都变卖了，以后老了有儿子养，唯一担心的就是儿子去当上门女婿，我又找不到老婆。"他对户口问题没有太多的想法，只要能继承家里的田土、宅基地，啥户口都行。因为早年丧妻，这些年一直想找个伴儿，对赚钱没有太多热情，觉得实在过不下去了可以在村里的工厂打工，对未来没有计划。

遵义市余庆县白泥镇下里村二组一名52岁男性被访者，农民，前两年用土地征收款盖了新房。除了务农以外，平时也在做工地小工，年收入5万元左右。"两女儿在贵阳花果园做房产销售工作，都未出嫁，家中只有老妈和媳妇三人住。2019年用征收款盖了两层小楼，家中年收入5万元左右，前些年收入主要花在两女儿读书上，这些年则主要用在家人的生病治疗方面。全家都是农村户口，希望大女儿能嫁到有钱人家，小女儿能招个条件好的上门女婿。"他表示对城镇化有自己的理解，因为县里搞经济开发区，办厂到处招人，很多外地人来务工，村子的范围越来越大，房子越来越高。他对农村产业发展表示不懂，因为村里没有产业，跟着县里一起种过西瓜、葡萄、圣女果、草莓等，都惨淡收场，已经丧失信心了。家庭条件一般，到县城5公里左右，骑三轮车上街干活10分钟就能到。妻子有种花草绿化的活儿就去做，没活儿时就收土地里的菜上街卖。半年前妻子在贵阳中医一护院动过手术。"女儿们都大了，也能挣钱了，所以家里的大小事都听孩子的。年轻时常常对孩子吼，现在老了吼不动了，就得看孩子脸色了。目前最操心的就是两女儿的婚事，大女儿过完年31岁，重点本科，在卖房，脾气火爆；小女儿专科毕业，脾气也火爆。在某音上看到过产业发展，但是不懂，觉得和自己没有关系。"他们一家所有的工作重心都放在给孩子找对象上面，为此操碎了心。在谈及疫情时，他觉得对他的生活没有太大的影响，只是在电视上看到新闻报道说很严重，但是贵州防控做得还是比较好的。

毕节市纳雍县化作乡益兴村一名31岁男性，益兴村当地人，小学学历，大多数时候在家从事农耕，农闲时打打零工赚点外快。家庭年收入五六万元。"对农村产业发展，我无所谓，我觉得这件事与我日常生活关系不大。我最关心的是找一份稳定的工作。我虽然没有文化，但想去城里找一份工作，不想再继续靠着地里的庄稼养活一家人，想有一份稳定的收入来源，改善生活。"当询问他对于农村产业发展有什么看法时，他表示不懂。在说到农村产业发展可以带来好处时，他有些不敢说话，就怕是又要耗钱耗力还讨不了好的又一个大饼。

毕节市纳雍县化作乡益兴村一名37岁男性，益兴村当地人，没上过学，不识字。他在家基本上就是做农活，时不时地做散工填补家用。家庭年总收入三四万元。"因为老一辈的时候家里穷，没什么钱，而且那时候的思想认为读书并没有那么大的影响力，能做好地里的农活才是最靠谱的，所以没有上过学，家庭的主要经济来源是依靠地里的收成，以及时不时地做散工填补家用。在农村，子女结婚后是要从家里分离出去的，无论男女，男子能分到更多的财产，以及父母的劳动力支持。"对于农村人来说，与外面接触的机会大多是赶集的时候，街上的新鲜事物、琳琅满目的商品和街上来来往往的人流是社会发展最直观的呈现，他内心深处觉得只要自己生活过得好，一家人的温饱不成问题，他就很满足了。关于农村产业发展问题，他表示积极性不高，村民本身没有概念，而且大多数人对于眼前是否有收益很在乎，对看不到眼前收益的事情，参与热情很低。"如果要整改农村经济，我觉得关系不大，只要不占用自家田地，不用出钱出力，还能有好处，那就可以。如果政府真的有文件要求整改农村经济，那就在不触动自身利益的情况下多捞点好处。"比起他们出生时的生活，他觉得变化还是天翻地覆的，现在的孩子能享受到义务教育的好处，地里的庄稼有了更多的收成，不用再漫山遍野的种庄稼，也能让一家人吃饱了。

毕节市纳雍县化作乡益兴村一名25岁男性，益兴村当地人，初中辍学打工。"初中没上完就出来打工了，那时候觉得没有点钱做什么都好困难，加上家里经济条件不好，父亲患病早逝，母亲一个人工作太累，就出来打工了。现在在外地工厂上班，每年能有五六万元的收入，但是年轻人花销大，爱玩，钱留不住，基本上工资刚好够自己花销，过年回家存不到什么钱，这个年纪还要存钱买房买车，还要娶媳妇，压力好大。"对于老家的产业调整，他表示："跟我没有关系，农村老家的穷日子不想再回去过了，年轻人又有几个甘心跟老一辈一样面朝黄土背朝天的，这辈子也不想回去应付家里的几亩田地和牛羊鸡鸭了，加上老家还没发展起来，娱乐设施不齐全，想找个玩的地方都找不到，年轻人哪个是能在家里坐得住的。"所以，产业发展他不太关心，只希望不要触动自家的田地，引起纠纷，还得麻烦自己回家解决。

毕节市七星关区八寨镇一名50岁男性被访者，常年孤身一人在家，极其嗜好喝酒，是本次访谈中情绪化最为严重的人。小学毕业后便到镇上打工，27岁结婚，育有一儿。因他极其嗜好喝酒，婚后不久便离婚了。其儿子初中毕业后去沿海厂里打工，后因多次犯盗窃罪，如今仍在服刑。"我对生活没有要求，与儿子常年不联系，儿子也不回家。就想每天喝点酒，打打牌。对本地发展、产业状况并不了解，对产业发展一无所知。"在问到为何不通过养殖致富或者参与当地产业惠农政策时，其情绪激动地说道："什么产业发展？家家户户都能修新房，我本就是一个单身汉，什么都没有，我管它发展不发展。"因为不学无术且极度嗜酒，至今没有一份固定的工作与收入，只是偶尔在镇上打散工挣点生活费。在实施精准扶贫政策后，当地政府分给他两头猪，希望他能够通过养猪，规范生活，增加收入，他转手就把猪卖了。村干部曾多次做他的思想工作，告诉各类优惠政策，希望他能借好时代好政策的东风让自己的生活更好，但最终的结果都是不了了之。他表示对什么都不关心，只想坐等当地政府给他把新房修好，其他的别无所求。该访谈对象认为目前面临的困难就是自己孤家寡人一个，虽有一儿，但仍在服刑，感觉自己好像无儿无女，人生无望，没有经济收入，也不愿意通过自己的双手和努力脱贫。

铜仁市松桃苗族自治县大兴镇婆硐村一名45岁男性被访者，务农，在当地景区上班，初中学历。"我至今未婚，一年总收入5万元左右，身体健康，个人没有生活压力，对乡村振兴战略和产业发展不关心。"他认为所在村产业有种植业和旅游业，自己参与了所在村的产业发展。他觉得目前居住环境与条件还可以，住房有砖房，出行有摩托车。关于产业发展，他认为除了一些基础设施建设外，其他很多项目工程只是表面功夫，人们积极性不高，他认为村里没有利用好国家项目拨款。"我认为产业发展的目的是为百姓增加收入，但是大多数情况下反而造成了其他负担。对于乡村的发展我认为主要面临的是人才短缺问题，我对产业发展并不关心，发展还是靠自己。"他认为自己目前没什么困难，如果非要说困难的话，那就是钱不够多。对未来村里的产业发展方向，他说："除了种树种菜，养鸡鸭牛羊，还能干嘛？"

铜仁市松桃苗族自治县大兴镇婆硐村一名55岁男性被访者，当地人。"初中辍学，不务农时在周边做临时工，家庭年收入5万元左右，主要的经济来源是靠打临时工。"对于农村产业发展，他表示通过村干部和网络大概了解一些。他知道国家提出乡村振兴战略的目的是为了帮助农民提高收入，也知道个人不努力只靠国家是不能提高自己收入和生活质量的，但对于农村产业的发展并没有积极性。"我认为发展产业要靠政府牵头，如果是个体，除了种植蔬菜和养殖牛羊外，其他都难以发展。"对于是否会参加村里的产业发展，他表示程序复杂的一般不会参与，因为会影响自己的工作安排。村子现在主要的产业有种植业、养殖业和旅游观光业，但是对于未来村子的产业发展方向以及存在的问题表示不太懂，只是觉得养牛挺好，最好加上蔬菜种植。目前面临的困难主要是收入不稳定，家庭开销大。

（四）小 结

通过对访谈对象的分类整理，将农民、务工人员、学生、个体户、商人以及非遗传承人纳入了民众视域。在民众视域中，人们对农村产业发展与乡村振兴战略的态度主要分为支持、不支持、无所谓不关心三类。

从持支持态度的民众视域出发，持支持态度的民众充分肯定了农村产业发展的价值，认为农村产业发展在国家政策的大力支持下，给农村带来了许多经济利益，对促进农民增收和农业稳定发展等有一定积极作用。但也指出农村产业发展过程中存在的不同问题，主要体现在以下几个方面：一是农民思想意识跟不上。农民的科技文化素质水平偏低，大部分农民对农村产业发展存有疑虑，承受风险能力较低，不敢应用新知识和新技术，改变现状的意愿不强。二是相关政策宣传解释不到位。一方面，由于政策宣传解释不到位，造成农民对政策的理解不全面、不准确、不一致，有更多的农民完全不知道什么是农村产业发展，导致农民与村干部之间产生误解和言语冲突，给产业发展带来了一定阻碍。另一方面，因为对政策的不理解，农民群众的致富主动性降低、依赖性增强。三是农民教育培训内容不充分。在具体的培训过程中，培训教育的内容虽然符合农村和农民实际，但是并不能满足农民的真实需求，因为就某一培训事项而言，培训一次两次远不能解决实际问题，需要在实际生产生活中，不断总结经验，提升本领。拒绝出现"培训的用不上，需要的没培训"现象。四是农村缺少就业平台和岗位，农民迫于生计只能外出务工。多数农民表示，如果家乡有合适的工作岗位，能取得一定的收入（可能比在外务工要少），自己也愿意待在家乡，既能有经济收入又能陪孩子和父母，而不是选择外出务工、居无定所。但是农村地区缺少足够的就业岗位，所以农村的青壮年更愿意选择外出务工，村里依然只剩老弱病残。有女性被访者提出，希望村里能为妇女就近提供适合的工作岗位，方便她们照顾家庭，减轻家庭负担。五是资金、人才、技术等要素支撑不足。一方面，多数农村缺乏足够的技术以及相应人才支撑，而人才和资金的不足，又进一步影响了技术融合。由于相应要素支撑不足，农民想发展现代化种养殖业，有时候也只能望而却步，影响了农民和"创客"的积极性。另一方面，由于相应要素支撑不足，大多地区农产品加工创新能力不足，导致产业发展质量不高、活力不强，产业特色不明显，影响农产品销售。六是某些基层干部工作能力不足。首先，由于个别基层干部文化层次较低，无法快速适应充满现代元素的治理形势，对相关政策缺乏深入了解，不能正确理解及把握上级政策，对农村产业发展缺少相应规划，引领农民致富本领不强，不能有效调动农民积极性，产业发展缓慢。其次，个别基层干部在工作中存在形式主义、官僚主义做派。例如政策下发，只到宣传栏张贴通告走过场，就算是下到乡里也只是象征性走一趟。同时还出现基层干部对群众合理诉求简单应付、推诿扯皮的现象。再次，有基层干部存在干事不讲民主、我行我素的问题。有民众指出，个别基层干部没有事先与农民沟通，也没有征收合同，就直接占用土地。对大部分民众来说，他们愿意支持和配合村干部工作，但希望能提前和他们沟通，听听他们的想法和意见，从而达到互相理解与配合。七是产业管理弱、缺少科学有效规划。一方面，有部分地区对产业发展的后续管理缺乏，导致产业推进缓慢或出现"烂尾"现象。另一方面，由于缺少科学规划、不少地区产业发展出现水土不服以及同质化等问题。同时，部分地区由于缺少对农产品的产销计划，造成农产品滞销。

从持不支持态度的民众视域出发，他们普遍表示自己并不懂农村产业发展，并认为农村产业发展不但没有带动当地经济发展，反而给大家带来了负担。同时，该部分民众认为基层干部没有全心全意为百姓服务、政策落实不到位等多种问题同时存在。

从持无所谓不关心态度的民众视域出发，他们普遍对农村产业发展与乡村振兴战略没有较为清晰的概念，认为农村产业发展跟自己没有关系。该部分民众对农村产业发展无所谓不关心的原因主要有：一是年纪大，心有余而力不足，安于现状稳定的心态占据主流，改变的愿望不强烈。二是常年在外务工、上学，不了解也不关心农村产业发展认为自己已经脱离了农村，或者有长大后离开农村的强烈愿望，更多关注自身的切身利益，对国家政策和农村发展不关心。三是认为村里产业发展一般，自己的生活并没有得到改善。或是村里产业惨淡收尾，对农村产业发展失去信心。四是家庭负担大，没有精力去想其他事情。五是对村里的培训、政策都不清楚。同时有农民对当地村委抱有成见，参与性不高。六是认为农村产业发展与日常生活关系不大，只要不损害个人利益，还能有好处就行。七是认为农村基础设施差、产业不发达，不甘心留在农村，对农村产业发展与乡村振兴战略无所谓不关心。

但整体上看，大部分农民是对农村产业发展持支持态度的，即便是少部分持不支持、无所谓不关心态度者，也希望农村变得越来越好，他们只是目前对产业发展过程中的某些环节、某些方面不理解、不满意或觉得与自己无关。但他们依旧是农村产业发展需要依靠的力量，是通过政府努力可以争取到的力量。

第四章　贵州农村产业发展赋能乡村振兴战略的影响因素

在党和国家的战略支持和贵州省委省政府的全力指导下，贵州农村走出了一条特色化的农业发展道路，取得了显著成绩。笔者整理了200位被访者关于贵州农村产业发展的态度和看法，可以看出，成绩与困难同在。应该肯定，自2018年贵州实施农村产业发展以来取得的成就是显著的。尤其在自上而下的通道中，打通了"上"的环节，政策、措施、保障从理论上讲是到位的，但是"下"的环节（重点是农民和基层干部）在实践操作层面遇到了瓶颈。要真正实现上通下达的政策实施效果，需要深挖面临的瓶颈，以寻找突破口。问卷及深度访谈中提到的问题是农村产业发展取得阶段性成果的同时面临的、需要进一步解决的问题；这些问题的解决，有助于农村产业发展向纵深发展并取得更大的成就，为更多的农民谋取切身利益。总体上看，贵州农村产业发展赋能乡村振兴战略的影响因素主要体现在以下几个方面。

一、政策调控

政府是国家意志的体现，作为国家的重要机关有着政治、经济、文化、服务职能；其政策执行具有强制力与权威性，以强制手段为后盾。政策调控作为政府职能体现的常见方式与有效手段，对民众物质资料的生产与生活有着重要影响；中央政府、省级政府的政策，其调节作用的关键在于全局的把控与发展框架的制定。民众对政策执行的有效性也将反馈给政府，促进政策不断完善。宏观的政策调控，主要从中央政府与省级政府两个层级进行说明。

首先是中央政府的政策调控。从 2004 年到 2021 年，18 年来党和国家带领全国各族人民不断发展、进步。在这期间，2017 年党的十九大宣布我国主要社会矛盾的转变，2020 年我国绝对贫困消除的全面脱贫工作的完成，彰显出我国对农村地区、农民群众的关注和政策力度，更为重要的是向世界展示了我国农村地区发展取得的阶段性重大胜利，表明了我国实现共同富裕、共同繁荣发展的目标的决心。这些年中央政府颁布实施的各项文件、法令法规、政策对解决"三农"问题发挥着重要作用。自 2004 年到 2021 年的中央一号文件连续 18 年聚焦"三农"问题，可以看出"三农"问题依旧是国家发展的核心问题，也是亟待解决的关键问题。中央一号文件的工作主题从 2004 年"促进农民增收"、2010 年"统筹城乡发展"、2016 年"全面小康"，到 2021 年"全面推进乡村振兴，加快农业农村现代化"，工作主题的变化表明了乡村发展的成效，又生动地表明了发展的困境与工作重心。政府对"三农"问题的关注随着国家的发展不断提升，相关资金的投入逐年上涨，惠及的农村地区与农民人口也稳步提升。中央政府的政策调节不仅体现在历年的中央一号文件，还体现在 2017 年出台的《"十三五"全国新型职业农民培育发展规划》、2020 年出台的《新型农业经营主体和服务主体高质量发展规划（2020—2022 年)》等系列文件，这些文件对农业、农村、农民的发展提出解决方案与新的要求，为全国的"三农"问题作出指示。

其次是贵州省政府的政策调控。贵州积极响应国家政策，在国家政策的总指导下出台了一系列关于农村产业发展和乡村振兴战略的政策文件。2018 年 1 月 2 日，《中共中央国务院关于实施乡村振兴战略的意见》由中共中央、国务院发布。2 月 9 日贵州省委召开全省农村工作会议，对贵州省实施乡村振兴战略作出安排部署，强调要求"来一场振兴农村经济的深刻产业革命"，这个动员令既是贯彻十九大乡村振兴战略的具体体现，也是贵州 4200 万人民决战扶贫攻坚决胜全面小康、努力推进贵州农业现代化的必由之路，同时更是贵州着力描绘"百姓富、生态美、多彩贵州新未来"发展蓝图的写照。动员令充分体现了贵州省委、贵州省政府高度的政治责任感和时代担当，为贵州实现与全国同步小康和乡村振兴指明了方向。2019 年 6 月 20 日，省委办公厅印发《贵州省农村产业发展刺梨产业发展推进方案（2019—2021 年)》。2020 年 1 月 10 日，贵州省委、省政府领导领衔推进农村产业发展联席会议印发《关于调整农村产业发展领衔省领导和特色产业的通知》。2020 年 2 月 26 日，省农业农村厅关于印发《贵州省统筹推进疫情防控和农村产业发展 20 条措施》的通知，为深入贯彻全省统筹做好疫情防控和经济社会发展工作会议部署，统筹推进疫情防控和农村产业发展，突出抓好农业龙头企业复工复产，进一步化解新冠肺炎疫情对当前农业生产的影响，加快农业全产业链恢复正常生产经营秩序，促进农业农村经济持续发展，制定如下措施。一是推动农业全产业链有序运行；二是全力抓好春季农业生产；三是推进畜牧渔业产能稳步恢复；四是加大人财物支持和技术保障；五是加强组织领导和督促推动。2020 年 7 月 1 日，省农业农村厅引发《关于支付省级农业生产发展（农村产业发展牛羊产业发展专项）资金的通知》，并将 2020 年省级农业产业发展（第一批农村产业发展牛羊产业发展专项）资金 8000 万元一次性拨付给贵州某物流产业（集团）公司。资金全部用于设立牛羊产业风险补偿金，主要用于支持公司及其控股子公司与县（市、区、特区）签订协议内的牛羊产业经营主体，以及贵州省农业农村厅与市、县合作协议内的牛羊产业项目。2021 年 5 月 10 日，省农村产业发展水果产业发展领导小组发布《贵州省农村产业发展 2021 年水果产业发展指导意见》，旨在深入推进农村产业发展，加快贵州水果产业高质量发展，助力巩固拓展脱贫攻坚成果，助推乡村振兴。贵州省级层面的政策文件有整体上指导全省农村产业发展的，还有具体指导和支持产业细分门类（如牛羊产业、水果产业、茶产业、辣椒产业、食用菌产业、旅游产业等）的。这些政策文件的颁布、调控和执行在宏观上引导着农村产业发展的发展方向和纵深力度。同时，贵州省"十三五"规划、"十四五"规划以及贵州省 2035 年、2050 年中长期发展规划，也是省级政府职能的体现与政策调节的结果，尤其是"十三五"规划的具体工作实施紧密与脱贫攻坚工作相结合，使得贵州省成为中国脱贫的"省级样本"；贵州农村产业的发展有了"十二大农业特色优势产业"，以此为基础充分发挥出贵州高原地区优势，体现出省级政府的政策把控与调节，展现出贵州人民的勤劳与智慧。

而且，资金和人才的支持是发展农村农业的重要资源。首先，在资金方面，国家支持力度加大。2015 年中共中央、国务院印发《关于加快构建现代公共文化服务体系的意见》，2016—2019 年农村公共预算中累计安排农业农村相关支出 6.07 万亿元、①"十三五"时期我国财政在公共文化建设方面共投入 1.83 万亿元，②巨额资金的投入极大地促进了我国"十三五"期间农村地区公共服务体系的建设与发展。正因如此，我国农村社区综合服务设施的覆盖率从 2016 年 11 月的 12.3% 提升到了 2019 年 9 月的45.75%。为了更进一步缩短贵州省城乡公共文化之间的差距，贵州省省级财政 2015—2019 年，分别安排专项资金 1.8 亿元、2.1 亿元、2.5 亿元、2.04 亿元、2.2 亿元支持全省公共文化服务体系建设；2019 年全省农家书屋点 17173 个，实现行政村全覆盖。③贵州省农业农村厅计划财务处于2019 年 7 月下发《关于下达 2019 年省级农业产业发展资金（茶产业发展专项）的通知》指出：2019 年省级农业产业发展资金（茶产业发展专项）4275.2 万元主要用于省级重要茶事活动以及对外推介活动，茶叶主产县茶园病虫害绿色防控、茶园提质增效、茶叶加工生产线建设、茶产业媒体宣传与市场推广活动等。各地要严格按照《贵州省农业生产发展资金管理办法》（黔财农〔2017〕329 号）等管理使用资金，加强资金监管，专账核算，确保专款专用。④其次，在人才方面，国家也加大了对农村的支持力度。截至 2021 年 8 月，我国认定防止返贫监测对象 500 多万人，其中 78%以上已消除返贫致贫风险，在这组数据背后则是大量人力的投入。截至

---

① 国务院关于财政农业农村资金分配和使用情况的书稿 [EB/OL]. http://www.mof.gov. cn/zhengwuxinxi/caizhengxinwen/202012/t20201228_3637312.htm,2020-12-28.

② 中华人民共和国中央人民政府 [EB/OL]. http://www.gov.cn/shuju/2020-11/11/content_5560445.htm,2020-11-11.

③ 肖达钰莎. 贵州省公共文化服务建设成果丰富 [N/OL]. 贵阳晚报 http://m.people.cn/ n4/2019/1005/c1288-13256163.html,2019-10-05.

④ 贵州省农业农村厅. 省财政厅 省农业农村厅 关于下达 2019 年省级农业产业发展资金（茶产业发展专项）的通知 [EB/OL]. http://nynct.guizhou.gov.cn/zwgk/xxgkml/zjxx/201908/ t20190820_25837292.html,2019-08-20.

2021年8月底，全国在岗驻村第一书记 18.3 万人、驻村干部 56.3 万人，[①] 截至 2021 年 7 月，贵州省选派三万多名驻村干部助力乡村振兴。[②]

农村产业发展作为我国社会发展中的重要组成部分，不仅体现了我国社会发展成效，还是未来我国社会发展动力的重要组成与支撑。随着社会的发展，党和国家对"三农"问题愈发关注，对其大局把控、战略布局的政策文件也越发全面、深入、细致，这些中央政府和省级政府的政策文件为我国农村实现现代化建设、高质量发展奠定了坚实的政治基础，指明了农村改革的发展方向。

二、产业定位

产业定位是农村产业发展重要的影响因素。产业选择盲目跟风、不合实际的产业定位比不发展产业带来的伤害还要大。贵州的产业主要有种植业、养殖业、旅游业。具体的种植、养殖、旅游开发又因地理位置、资源禀赋、乡村人才、社会资源等的差异在各地的实施情况大有不同。贵州的一些市州产业定位已经清晰准确，比如遵义的酒、都匀的茶享誉全国甚至海外。但具体到更广泛的贵州农村，不少地方产业发展仍然存在系统性发展思路不清晰、产业定位不精准、本地特色资源深挖力度不足等问题，导致经济效益整体偏低。同时，有地区农村产业结构调整步伐较为缓慢，农村产业形态仍以传统种养殖业为主导，从产业发展整体上看，可以说什么都有，但都没有形成一定规模。农户们分散经营，没有人统一上门收购，需要农民自己去集市上卖农作物。销路不稳定，价格上不去，农民增产增收难。各地在资源禀赋、市场条件等方面存在一定差异，因此在产业选择、发展方式等方面也应该各具特色。但是，贵州有些地区产业发展不考虑本地区产业基础、发展条件等客观因素，对产业发展实行"一刀切"，造成产业发展"水土不服"，致使农民收入的减少以及相应资源的浪费，

---

① 澎湃. 驻村干部人数超 56 万，全国驻村干部轮换工作基本完成 [EB/OL]. 央视新闻 https：//m. thepaper. cn/baijiahao_ 14943989，2021-10-17.

② 向定杰. 贵州选派三万多名干部驻村助力乡村振兴，人民资讯 [EB/OL]. https://baijia-hao. baidu. com/s？id=1707063665618956230&wfr=spider&for=pc，2021-08-03.

难以为乡村振兴提供良好基础。由于地方对自身主导产业的定位不清晰、特色资源挖掘力度不够等原因，地方农村产业发展出现同质化、缺少本地区特色等现象，品牌不响、活力不足，农产品在区域同质化商品的市场竞争中，容易出现产量过剩、量增下降，甚至出现农产品滞销等问题，严重影响群众增收。农产品的竞争力与品种优势密不可分，农村地方产业对产业发展定位不清晰，或者对地方特色资源深挖不足，都容易导致缺少市场竞争力和品牌发展活力，从而无法满足人们日益对高品质生活的追求需要，一定程度上阻碍了农村产业的高质量发展。

三、市场运作

产销对接顺畅是市场运作的关键环节，对于农民增收具有至关重要的作用。产销对接体系薄弱是物品转化为商品再转化为货币的一大困境。农作物生产具有时效性，错过种植期，只能等来年，错过销售黄金期，产品就卖不出好价钱，甚至烂在地里。目前，贵州部分农村地区在产业发展过程中，在未对农产品产销计划作统一部署规划的情况下，就安排农民进行统一种植；部分农村地区安排农民进行统一种植前对产销对接作了统一部署，但受市场影响或人为影响，未能按原计划执行。由于产销衔接不上，导致农产品丰产淡销，不仅给农民带来了负担，也影响了干群信任关系的建立，同时还降低了农民参与产业发展的积极性。当下农民更多关心的是自身利益，没有良好的销售渠道农民赚不到钱，他们仍会选择外出务工。农民在发展产业的过程中，最希望的是自己能够增收致富，而增收致富的关键离不开产销对接的畅通。但随着跟风种植者的增加，无论从品质上还是市场竞争上，都给贵州农村地区产业发展带来了很大冲击。农民对市场信息本就不灵敏，不会过多考虑市场变化及相应供需关系，加上没有稳定的产销对接渠道，农民往往只能走在"市场的后面"。同时，受自然灾害、新冠肺炎疫情等突发状况的影响，只要相应保险保障措施不健全不到位，农产品的品质、销售就容易受到影响，从而导致农产品滞销，并在一定程度上挫伤农民的生产积极性。在农村产业发展过程中，国家为提高农民参与产业发展的积极性，加大力度对农村产业进行补贴，还提供专门的技术人才指导。但是，由于缺少相应的政策扶持和利益联结，部分地区的产销衔接环节仍然较为薄弱。加上农民承受风险能力较弱，在利益得不到保障的情况下，会使他们在发展产业上缩手缩脚，害怕不确定因素带来的风险损失。在大部分农民看来，农村产业发展只要不损害他们的个人利益，并且还能有额外收益，他们愿意积极参与产业发展。在农村产业发展过程中，畅通产销对接渠道始终是保证农产品"质"与"量"正常供应的关键所在，同时也是激发乡村产业发展动能、推动农村产业高质量发展的客观需要。

四、乡村人才

在推动农村产业从单一到多元融合的转变过程中，农村人才作为"头雁"角色，为充分发挥农村产业价值提供了重要人力资源，是推动农村产业现代化建设的坚实力量。外出务工者返乡既能解决农村人才匮乏问题，又能解决农村劳动力不足问题，是农村产业发展必不可少的要素之一。外出务工者基本都是农村20岁至55岁的劳动能力较强的中青年，他们是乡村人才的核心力量。当前，外出务工者面临愿意返乡而又不返乡的两难困境。贵州不少村落存在"空心化"困局，农村劳动力迫于生计的压力不得不外出务工养家糊口。外出务工者从心理层面愿意返乡，又从行为层面不返乡，两者的矛盾源于内心渴望回到家乡，但又因为家乡收入低、迫于养家糊口和自身发展的需要而选择外出务工。结合访谈资料，贵州大部分农村地区劳动力选择外出务工，当地留守的老弱病残孕劳动力不强，劳动效率低下，接受新技术的能力较弱，而高质量农村产业需要技术、需要人才，劳动力的流失成为农村产业高质量发展的瓶颈。虽然村里也有发展产业，但是工资不高，满足不了农民对于家庭开支或自身发展的需要，因此许多青壮年仍会选择外出务工，致使发展产业所需劳动力不足，限制了村里产业的发展。此外，大部分地区农村产业发展仍处于初级阶段，产业发展规模有限，单位面积对人员的承载力较弱，所能提供岗位有限。并且，农村产业大多被外来老板承包，农民只作为打工者，产业链增值收益留给他们的不多。村里就业岗位少，农民鼓不起腰包，留在家乡不能满足对经济的需求。可以说，农民选择外出务工不仅是他们对当下农村发展现状的实属无奈，更是他们对美好生活的向往追求。同时，随着乡村振兴战略的实施，越来越多的资本进入乡村，其中不乏盲目跟风者，这一部分投资者大多只看到了国家农业政策的利好，往往缺乏对农业投资长期性、复杂性和风险性的足够认识，一旦经营不善，就容易打"退堂鼓"，发生资本"跑路"。由于资金链断裂无以为继，产业发展出现不可持续、烂尾等多种问题，在一定程度上打击了农民对产业发展的信心。又因为农村产业投入周期长，获得经济效益慢，农民一开始看不见经济效益，对产业发展没信心，仍然会选择远离家乡寻求有即时回报的相对高收入工作。即使农村中青年群体对家乡有着深深的情感依赖，但迫于生存和发展需要不得不选择外出务工来增加收入和维持生计。发展好农村产业，农民才会愿意留下，但是产业发展好的核心是人，农村劳动力向城市的大量迁移严重制约了农村地区产业的发展，阻碍乡村振兴战略的实施。

乡村人才还面临另外一个困境。就是通过培训的手段把普通农民培养成真正的乡村人才，而由于培训的系统性不足、深入性不够导致潜在乡村人才蜕变道路漫长。在农村，培训不深入不到位问题普遍存在。技术培训不是打绣拳、过家家。很多村干部和被访者表示组织过、参加过多种技术培训，如厨师培训、种植业沃柑培训、花椒培训，还有电子商务、网络直播带货培训等，但培训不深入不到位的情况多有发生。在具体的培训过程中，有地区培训内容针对性不强、培训内容脱离实际，出现"培训的用不上，需要的没培训"现象，不仅浪费了培训教育资源，同时一定程度上制约了农村产业的快速发展和农民增收。并且，由于缺少相应技能，农民无法顺利进行农业生产，只能根据以往的种养经验进行生产操作，不仅影响增产增收，还容易对当地生态环境造成破坏，给后期产业发展带来不良影响。同时，虽然大部分干部都积极参与了农村技能培训，但因为培训教育内容的不合理，使得干部在面对群众咨询时"一问三不知"，在一定程度上降低了干部在群众心中的威信。此外，部分地区培训教育重理论、轻实践，只把农民"扶上马"，却不"送一程"，教育培训的跟踪服务环节并没有落实到位，缺少对农民所学培训内容的进一步巩固，导致农民一知半解、云里雾里。因此，当有农民对培训内容感兴趣，想做进一步规划发展时，却因自身技术达不到产业发展要求，而被现代化产业排除在外。同时，农民科技文化水平偏低，农村技术服务的缺失进一步挫伤农民对参与现代化产业发展的积极性，表现出对农业生产能力和生产信心的不足，因此只能对发展新兴产业望而却步。农民参与乡村振兴的综合能力不足，很大程度上是因为培训的不深入不到位，这不仅是对新型职业农民精准培育的限制，同时也延缓了农村产业高质量发展的步伐。

五、农民素质

农民是农村产业发展最基础、最广大的力量，真正的参与者、获益者。农民素质的高低决定着农村产业发展的实施效果。农民素质包括农民的身体素质、文化素质、心理素质等。农民的整体文化水平偏低是客观事实，但不会从根本上影响农村产业的发展，因为参与产业发展的大多数人只需要跟着大伙儿做，不需要太多的学问和智力。但农民的心理素质却是影响他们选择是否参与产业发展和产业发展遇到暂时困难时是否退出的关键因素。调研发现，农民投资风险承受能力弱是目前农村存在的普遍现象。投资风险的承受能力与个人资金状况、家庭情况、心理素质等都有关系。在农村产业发展过程中，政府为吸引人才返乡加大了政策支持力度，无息贷款、免费发放幼苗、提供技术支持，等等。然而，农民们尤其是最具劳动能力的青壮年，他们面临着巨大的生存压力、每天必需的经济开支，即便政府各种政策扶持试图调动他们返乡工作的积极性，他们仍然选择外出务工。因为在农村，他们看不到即时的经济效益，农作物的生长周期长、产业的选择偏差，甚至是无收益或者负债的投资风险，让他们望而却步，转身选择稳定的、市场成熟的外出劳动。同时，有村干部在产业发展过程中忽略农民意愿，一定程度上阻碍了农民生产自由，所实施的政策也忽略当地客观发展条件。虽然村干部推进产业规模化种植的出发点是好的，但由于缺乏对当地客观条件的考虑，使得产业发展失败，不仅浪费了相应资源，还进一步降低农民的抗风险能力，导致农村产业推进困难。另外，有农民在产业刚开始时满怀期待，因为他们只看到了预期利润，却没能做好足够的心理建设。因此，在产业发展过程中，农民在先期看不到收益，会逐渐降低期待值，最终坚持不下去，选择放弃。但也有同村农民对同一件事的认知完全不同，他们在产业面临困境时仍选择继续坚持，最终获得了较好的回报。这源于他们对投资风险的承受能力不同。此外，留守在家乡的农民，抗风险能力相对较弱，对于发展收益较不明确且有一定风险的农村产业，顾虑更多。并且，当投资风险大于自身风险承受能力时，这类农民会明显感到不安。一方面，农民受思想意识的局限与客观条件的限制，使他们易满足现状，不愿作出改变，担心投资损失影响当前正常生活；另一方面，即使这部分农民有发展产业的想法，可能也缺乏必要的投入资金、技术等相应要素。对于他们来说，与其面对未知的风险，还不如选择按部就班的生活，至少自己的生活不会因风险波动而受影响。同时，相应政策的不完善，也使得农民在投资时有很多后顾之忧，他们抵御风险的能力本就较低，加上缺乏相应政策保障体系，使得他们在发展产业面前畏缩不前。"不知道结果如何，等不起，家里等着用钱呢，以后再说"是他们的普遍说辞。此外，参与产业发展的积极性高，但承担风险能力低的农民也占多数。有农民能够自觉参与产业的发展，但是没钱购买化肥、农药等，只能借钱买，增加了部分农民的家庭负担，降低了他们参与产业发展的积极性，这是他们这些低收入家庭在发展产业中面临的一大难题。他们中的大多数人会觉得政府扶持不到位，甚至有农民把政府帮扶当成理所应当，对政府过度依赖，呈现出缺少文化道德约束的索取倾向。这一类农民，也都属于低风险承受人群。同时，由于长期以来受小农经济思想的影响，有些农村居民还没有摆脱安于现状、不求进取的思想，自身发展动力缺乏，拒绝风险。害怕承担风险、紧盯眼前收益，投资风险能力太弱成为他们的一大羁绊，同时也是当前制约农村产业发展的重要因素。

此外，与农民素质有关的干群信任问题也是影响农村产业发展的关键因素。干部与群众之间信任不足问题普遍存在。在贵州部分农村地区，部分干部与群众缺乏相应沟通和互动，一旦农民对农村产业发展不满，从中所得个人利益不多，就容易与村干部产生隔阂、缺乏信任，使二者难以相互支持，甚至二者产生对立情绪。干部办事成效不佳，在农民心中的分量也就不足。之前发展产业失败的教训会极大降低村干部在农民中的威信和地位，使得农民对村干部有了"防备"。而村干部也未能做好对农民的教育培训、情感联系等工作，以致农民不愿信任村干部，不配合、不支持农村产业发展。虽然部分地区农村产业发展给当地农民带来了一定收益，但由于农民思想观念及各方面的局限性，使得农民在不知道产业后期效益如何的情况下，不敢冒险尝试，而村干部因为农民不配合、不支持工作，也容易产生工作上的"畏难"情绪，这都是基于农民与村干部之间的不信任。虽然经济资本进入农村能够组织带动农民生产，但是贵州大部分农村地区缺乏专业的产品开发能力、市场交易能力以及较强的经济组织能力，使得资本在有意或无意间侵害了当地村集体的利益。而农民往往喜欢从个人利益方面考虑，认为"有利入、无利出"才能保证在收益分配中为自己赢得主动权。资本的产业增值留给农民的不多，农民没有从中收益，也就没有参与感，反而觉得村干部"胳膊肘往外拐"，不为集体谋利益，破坏了干群信任关系。另外，大部分村干部虽有办实事的心，但由于自身能力不足或产业发展的相应支撑要素不足，导致产业发展一开始成效不显著或缺乏发展的可持续性，而农民的抗风险意识本就不强，遇到产业发展困境时就会心态不好，产生消极情绪，从而对村干部不信任，甚至不愿再关心及参与本村的产业发展，给后期产业发展带来一定阻碍。农民不配合村干部的工作、不支持村里产业发展，很大程度上，是因为农民不相信村干部。

综上，政府政策、产业定位、市场运作、乡村人才、农民素质是贵州农村产业发展赋能乡村振兴战略的五个重要影响因素。农村产业发展顺利推进，乡村振兴战略中的产业兴旺目标就更容易实现。贵州农村目前有三大主要产业：种植业、养殖业、旅游业，这三大产业有各自突出的产业发展模式，这些模式相互之间可以借鉴。以上五个影响因素在三大产业中共同存在，但由于三大产业的核心运作模式有所不同，影响因素对三大产业影响的权重也有所不同。相应的，针对五大影响因素，后面提到的五个路径策略在三大产业的不同模式选择中也有差异。

第五章　贵州农村产业发展赋能乡村振兴战略的机制与模式

一、贵州农村产业发展赋能乡村振兴战略的机制

第一章谈到了贵州农村产业发展赋能乡村振兴战略的内在机理，分宏观层面和微观层面两个维度解读，重点讨论贵州农村产业发展和乡村振兴战略的关联性，解释了为什么贵州农村产业发展可以赋能乡村振兴战略，两者之间在哪些方面产生了强关联。

本章主要探讨贵州农村产业发展赋能乡村振兴战略的机制，解释贵州农村产业发展赋能乡村振兴战略的工作原理，或者说贵州农村产业发展以怎样的形式、哪些途径赋能乡村振兴战略。机制，是指各要素之间的结构关系和运行方式。理解机制，需要理解两个要点：一是事物各个部分的存在是机制存在的前提，因为事物有各个部分的存在，就有一个如何协调各个部分之间的关系问题。二是协调各个部分之间的关系一定是一种具体的运行方式。机制是以一定的运作方式把事物的各个部分联系起来，使它们协调运行而发挥作用的。从机制运作的形式划分，一般有三种。第一种是行政-计划式的运行机制，即以计划、行政的手段把各个部分统一起来。第二种是指导-服务式的运行机制，即以指导、服务的方式协调各部分之间的相互关系。第三种是监督-服务式的运行机制，即以监督、指导式的方式协调各部分之间的关系。从机制的功能来分，有激励机制、制约机制和保障机制。激励机制是调动管理活动主体积极性的一种机制；制约机制是一种保证管理活动有序化、规范化的一种机制；保障机制是为管理活动

提供物质和精神条件的机制。以上几种类型的机制实际上是相互联系和相互渗透的，只是为了分析问题的方便才做了如上划分。

贵州农村产业发展赋能乡村振兴战略的路径选择是党建引领、政府赋能、社会赋能、人才赋能、强基赋能。这五个方面也是贵州农村产业发展赋能乡村振兴战略的核心要素。这些要素间的关联在于以党建引领为总舵手，政府、社会、人才、强基互为支撑，共同发展。从机制运作的形式看，贵州农村产业发展赋能乡村振兴战略的机制属于指导-服务式的运行机制，即以指导、服务的方式（党建引领）协调各部分（政府赋能、社会赋能、人才赋能、强基赋能）之间的相互关系。从机制的功能看，贵州农村产业发展赋能乡村振兴战略有激励机制、制约机制和保障机制三种机制。具体为党建引领：政策实施到位是激励机制，旨在调动农村产业发展主体的参与积极性；政府赋能：产业定位精准，社会赋能：市场运作顺畅是制约机制，旨在保证农村产业发展有序化、规范化；人才赋能：乡村人才归位，强基赋能：农民素质提升是保障机制，为农村产业发展实施提供物质和精神条件。

机制的划分只是为了更全面透彻地理解事物运作的原理，机制实际上是相互联系和相互渗透的。在贵州农村产业发展赋能乡村振兴战略机制的运作原理指导下，根据贵州各地区的实际情况，科学理性地选择贵州农村产业发展赋能乡村振兴战略的三种模式之一（以种植业为主的产业融合发展模式、以养殖业为主的龙头企业带动型发展模式、以旅游业为主的产业集群组织模式），才能让贵州农村产业发展走得更远更扎实。

二、贵州农村产业发展赋能乡村振兴战略的模式选择

从贵州土地资源的实际出发，贵州作为世界上岩溶地貌发育最为典型的西南民族地区之一，坡耕地占比大、耕地资源十分稀缺。贵州境内地势西高东低，自中部向北、东、南三面倾斜，地貌高原山地居多，素有"八山一水一分田"之说。全省地貌可概括分为高原山地、丘陵和盆地三种基本类型，其中92.5%的面积为山地和丘陵，是全国唯一没有平原支撑的省份。如何科学利用耕地资源、充分发挥耕地增产效益，是贵州农村产业发

展赋能乡村振兴战略面临的主要问题。贵州辖贵阳市、遵义市、毕节市、安顺市、六盘水市、铜仁市、黔西南布依族苗族自治州、黔东南苗族侗族自治州、黔南布依族苗族自治州，主要产业有养殖业、种植业和旅游业。不同市、州资源禀赋不同，有不同的农村产业发展模式。整体上看，贵州农村产业发展赋能乡村振兴战略的模式主要有三种：以种植业为主的产业融合发展模式、以养殖业为主的龙头企业带动型发展模式、以旅游业为主的产业集群组织模式。

（一）以种植业为主的产业融合发展模式

实施乡村振兴战略，产业兴旺是重点。农村一二三产业融合发展，就是通过对农村一二三产业之间的优化重组、整合集成、交叉互渗，使产业链条不断延伸，产业范围不断拓展，产业功能不断增多，产业层次不断提升，从而实现发展方式的创新，不断生成新业态、新技术、新商业模式、新空间布局等。农村的"三产"融合，要在农产品的生产、加工和销售整体上遵循"市场导向、坚持质优、差异发展"的策略。坚持以市场为导向进行产品研发和生产销售，注重农产品质量安全；在构建全渠道销售模式的同时稳步提高农产品就地转化率，力图将更多的产业利润留存本地；注重实施差异化策略，满足不同层次消费者需求，提高产品市场占有率。同时，农业"三产"融合，迫切需要加强利益联结机制建设，实现小农户与现代农业发展的有机衔接，让农民特别是小农户合理分享融合发展增值收益，共享农村改革发展成果。坚持"基在农业、惠在农村、利在农民"原则，以农民合理分享产业链增值收益为核心，以延长产业链、提升价值链、完善利益链为关键，以改革创新为动力，增强"产加销消"的互联互通性，增强农业农村经济发展新动能。

贵州以种植业为主的产业融合发展模式在不同的地区有不同的操作技巧和方法。如贵州省毕节市金沙县推进绿色防控与统防统治融合示范，促进高粱产业绿色发展，已入选中华人民共和国农业农村部 2021 年全国农业绿色发展典型案例。金沙县位于贵州省西北部，以丘陵山地为主。2021 年全县高粱种植面积达 18 万亩，年销售收益 4.14 亿元，是农村产业发展的主导产业。近年来，金沙县以有机生产控害为主线，实施病虫害绿色防控与统防统治融合示范，减少了农药施用，提高了高粱质量和销售价格，增加了农民收入，实现了生产生态生活协调发展（图5-1）。主要做法有以下两点。一是统一管理，专业化服务。主要采取"龙头企业+专业合作社+基地+农户"的管理模式。国有企业金沙县粮油收储公司按区域统一提供良种、有机肥和生物农药等生产资料，统一订单收购、档案管理和技术指导。在高粱规模生产基地成立农民专业合作社，吸纳农户参与种植生产，统一生产技术流程。二是全程指导，多技术融合。在技术服务上，农业技术部门全程参与，广泛开展宣传培训与技术指导，全面融合多种技术，推广"减量控害栽培+生态调控+物理防控+生物防控+科学用药"的绿色防控技术模式，有效提高综合防控效果。坚持生产加工销售于一体，实施全产业链开发，建立了高粱规模化、基地化、标准化、集约化、产业化的全产业链条。其取得的成效是显著的。主要体现在以下三点。一是提高了防控效果。2021年，通过实施高粱绿色防控与统防统治融合发展示范，高粱病虫害绿色防控覆盖率达100%以上，统防统治覆盖率达45%以上，病虫害危害损失率控制在5%以下。二是提高了防控能力。通过开展统防统治与绿色防控集成示范应用，提高了病虫害综合防控能力，减少了施药次数，保持了农田生态平衡，病虫害综合防控效果达85%以上。三是降低了

图5-1　毕节市金沙县玉米、高粱种植　笔者拍摄于2022年7月13日

防控成本。采取政府购买服务的方式实施统防统治，社会化服务组织利用植保无人机开展"飞防"，解决了农村劳动力不足的问题，减少了农药施用量和用水量，降低了防治成本。[①]

再比如，贵州省遵义市凤冈县实施"五化"联动，推动茶叶一二三产业融合发展也入选中华人民共和国农业农村部 2021 年全国农业绿色发展典型案例。凤冈县位于贵州省东北部，是革命老区遵义的东大门，辖面积 1885 平方公里。境内多山地丘陵，生态优良，森林覆盖率达 60.58%。近年来，凤冈县坚持新发展理念，立足资源禀赋，以茶叶为主导产业，通过加强基地管理，培育多元主体，规范生产加工，促进了茶产业绿色融合发展。其主要做法有以下五点。一是基地管理标准化。坚持走"生态产业化、产业生态化"发展道路，深入推进河长、林长、土长"三长制"，大力实施"两减两替代一回收"和"三零一全"工程，形成了全域有机、全产业链有机的"双有机"共识，实现了青山、碧水、净土。二是主体培育多元化。坚持招商引资和本土培育相结合，引进培育技术标准高、产业链条长、市场前景好、抗风险能力强的茶企落地凤冈，逐步构建以龙头企业为主体、基地为依托、农工一体化的茶叶生产加工体系。全县现有茶叶加工企业 280 家，国家级产业化龙头企业 1 家，省级龙头企业 22 家，获有机认证企业 9 家，茶叶专业合作社 120 个。三是生产加工规范化。制定了《地理标志产品凤冈锌硒茶加工技术规程》，并定期组织加工标准贯标培训。鼓励支持企业工厂改扩建和设备技改，不断提升标准化加工水平。严格茶园、茶青、茶叶成品抽样检测，建立了"生产有记录、信息可查询、流向可追踪、责任可追究、产品可召回"的质量管理体系和质量可追溯体系。四是品牌塑造高端化。大力开展"双有机"产品营销策划，不断提升"良心产业·有机凤冈"知名度和影响力。定期举办有机高峰论坛活动，2021 年"凤冈锌硒茶"成功入选全国第一批中欧互认地理标志保护产品目录。五是产业延伸融合化。与浙江大学、贵州大学等知名院校和科研机构深度合作，着力强化科技支撑保障和产业链延伸，现已发展茶酒、茶饮料

---

① 中华人民共和国农业农村部发展规划司. 2021 年全国农业绿色发展典型案例［EB/OL］. http://www.ghs.moa.gov.cn/gzdt/202204/t20220427_6397876.htm, 2022-04-27.

企业 3 家。立足资源禀赋，大力推进茶区、景区一体化建设，建成国家级 AAAA 景区 1 个，茶旅景区农家乐 70 余家，实现了茶旅一体化融合发展。其取得的成效同样显著。截至 2021 年底，全县建成生态茶园 50 万亩，其中，有机认证茶园面积达 5.2 万亩，绿色认证达 9.62 万亩。全县建设茶园绿色防控示范面积 5 万亩，辐射覆盖茶园面积 30 万亩，全县化学农药用量减少 57.9%。2021 年，全县出口茶叶 3500 吨，出口金额达 1.56 亿美元。[①]（见图 5-2）

图 5-2　遵义市凤冈县知青茶山　笔者拍摄于 2022 年 4 月 2 日

依据"一村一品"理论，贵州具有典型的品牌特色优势。茶叶、食用菌、蔬菜、生态畜牧、石斛、水果、竹子、中药材、刺梨、生态渔业、油茶、辣椒等 12 个特色产业都是具有典型的地理标志性产业。独特的自然环境是地理标志农产品品牌竞争力形成的基础，悠久的人文积淀能提高地理标志农产品的品位和档次，获得更高溢价。地理标志农产品不仅注重生态环保，还具有文化内涵，能够适应满足人们多元的消费品位。地理标志农产品生产基地与加工厂，不仅是生产场所，也可以成为人们参观与示范学习的基地（见图 5-3）。

---

① 中华人民共和国农业农村部发展规划司. 2021 年全国农业绿色发展典型案例［EB/OL］. http://www.ghs.moa.gov.cn/gzdt/202204/t20220422_6397334.htm,2022-04-22.

图 5-3　贵州省大方县农户花椒种植基地　笔者拍摄于 2022 年 7 月 16 日

（二）以养殖业为主的龙头企业带动型发展模式

龙头企业将开拓市场、引导生产、深化加工、科技创新、融通资金、销售服务等功能整合在一起，是新农村建设中带动区域经济发展的重要力量。龙头企业带动型是以农产品加工、运销企业为龙头，重点围绕一种或几种产品的生产、销售，与生产基地和农户实行有机联合，进行一体化经营，形成风险共担、利益共享的经济共同体。在实际运行中，龙头企业联基地，基地联农户，进行专业协作。龙头企业带动型的主要特点是企业在农业产业化经营中发挥主导作用，与农产品生产基地和农户结成紧密的贸工农一体化生产体系。目前，"龙头企业+合作社+农户"模式是龙头企业带动型发展的主要模式，有些地方把基地作为主要组成部分，形成了"龙头企业+合作社+基地+农户"模式。龙头企业带动型发展模式主要有三点优势：一是，企业与农户形成一种互补关系，双方互相影响，互为盈利。合作社通过与龙头企业签订供销协议，为社员建立稳定的销售渠道。二是，公司对市场的快速反应能力，能及时通过合作社影响到农民，并促使农民调整生产。三是，合作社可以借鉴公司规范化的操作流程，以尽量减少不必要的机会成本。

贵州的养殖业主要有牛、羊、猪、蛋禽类及水产养殖。近年来，贵州畜禽养殖规模增长明显，畜牧业供给整体平稳。从贵州养殖规划来看，近年来贵州省突出发展牛羊，稳定发展生猪，促进畜牧业绿色发展，着力打造南方草地生态畜牧业重点省。2018 年非洲猪瘟导致全国生猪产能锐减，贵州也受到波及。但贵州地形特殊，减弱了猪瘟扩散传播，产能下降幅度远小于其他省区（见图 5-4）。

图 5-4　毕节市大方县个体农户牛养殖　笔者拍摄于 2021 年 5 月 17 日

同时，由于贵州特定的地形和气候，其饲草资源丰富，对以半放牧方式饲养的牛羊养殖而言，饲料成本相对较低。相对于周边地区，贵州比较优势明显，在地理位置上离广东（全国最大肉类需求市场）不远。贵州得天独厚的气候优势、丰富的饲草和土地资源，奠定了贵州省的生态养殖产业竞争优势和市场竞争优势。如铜仁市江口县以优质水资源为载体，截至2021 年底，引进生态渔业龙头企业 5 家，发展规模养殖场 35 家，每年生产冷水鱼苗 1200 万尾，年产鱼 3700 吨，渔业总产值 1.5 亿元。安顺市关岭自治县上关核心种牛场为关岭牛提纯复壮、品质提升、基因保种和推广示范引进"秘密武器"。通过对关岭牛进行扩繁和品种改良，彻底解决了产犊量少和育肥时间较长的难点，提升关岭牛的品质，让关岭牛创造更高的价值。盘州市火腿加工销售一体化带动着生猪养殖的发展，让当地群众走进养殖场、食品公司成为产业工人，通过"公司+合作社+农户"经营模式，带动当地更多农户参与生猪养殖，人均增收明显。盘州火腿的产业化发展，让群众尝到了甜头（见图5-5）。

图5-5　毕节市大方县六塘村个体农户羊养殖　笔者拍摄于 2022 年 1 月 21 日

　　贵州的养殖业适合走龙头企业带动的发展模式。根据佩鲁的增长极理论，区域增长极的确定之首在于推进型产业的建立。为了促进增长极的形成，应致力于发展推进型企业和以推进型企业为主导的产业综合体。推进型企业和产业综合体通过技术创新活动，促进和带动区域经济迅速增长。创新是产生极化效应的动力，创新活动不仅使单个企业获得生产效率的提高，而且还通过创新对当地和周边地区产生重要影响。贵州以养殖业为增长极，以龙头企业带动为主要模式，产业链前端可以延伸到畜牧饲料种植业，后端可以延伸到冷链食品加工业。

（三）以旅游业为主的产业集群组织模式

产业集群是按最佳的方式将某一地区的多种资源要素有效地组织起来，从事某种对本地区最具有竞争优势的经济活动的一种资源配置方式。迈克尔·波特提出："旅游业是集群效应最明显，最适合集群化发展的行业之一。"① 旅游产业集群是由旅游区内的景区景点、餐饮业、旅行社、旅游机构以及相关配套产业、设施与服务等共同组成的互动联系的复杂系统。旅游产业是一个关联性很高的产业，在某一特定区域内，存在为旅游者提供上中下游各项服务的各种旅游企业，它们围绕核心吸引物产生空间聚集现象。旅游产业的发展依托于当地的旅游资源，旅游资源的不可移动性、旅游服务和旅游产品各环节的连续性、旅游交通成本的最小化追求，使旅游产业表现出一般产业集群的特征：众多相关联的产业、部门在一定的地理区域范围内聚集，共同服务于相似的消费者，具有地理靠近性的特征；它们同时具有相同或相近的社会风俗、文化背景和制度环境，企业发展带有明显的地方特色，具有一定的根植性；以及旅游产业较强的依托性和关联性容易形成各部门密切联系，且高度专业化分工的网络组织特征等。这些特征使得旅游产业集群在整合地区旅游资源，加强旅游企业间的分工合作与创新，提升旅游目的地品牌形象，提高产业的整体竞争力方面具有巨大的优势。因此，可以说旅游产业天然适合以集群的组织模式来发展（见图5-6）。

从资源禀赋的角度来看，贵州旅游资源得天独厚，山水风光与民族风情高度融合，以及宜人的气候环境，形成了独特的、不可多得的复合型旅游资源。发展旅游业，贵州具有巨大的优势和潜力。贵州独特、稀缺的旅游资源对外地居民有着巨大的吸引力。贵广高铁、贵广高速公路（"两高"快速通道）的修建及贵阳城市经济圈的构建和城市群的快速发展，使周边省市成为贵州旅游的重要客源地。随着贵州交通区位的根本改观，贵州与珠三角地区及周边省市已经构筑了完善便捷的交通网络，游客来黔旅游的可进入性大大增强。近年来，贵州省出台了一系列鼓励旅游业发展的配套

---

① 迈克尔·波特. 国家竞争优势［M］. 北京：华夏出版社，2002.

图5-6　黔东南州西江千户苗寨　笔者拍摄于 2021 年 9 月 20 日

措施，为旅游业的发展创造了良好的制度环境。同时，旅游相关产业及配套设施也有了很大的改观。这些都为贵州旅游产业集群的发展提供了巨大的优势条件。然而目前，贵州省旅游还处于主要以旅游观光为主的初级发展阶段，旅游资源的开发与整合力度不够，旅游业与地区经济及相关产业发展联系不紧密，旅游产业链各个环节相互不配套，旅游消费形式单一，游客在黔停留时间过短等。合理布局，建设贵州旅游产业集群网络，可以解决这些问题。在区域旅游发展的空间动力组织上，以贵阳及其东南西北四条旅游线上的各个景区景点为发展极点及其中心协作圈，通过互动发展实现旅游产业的升级再造，通过旅游资源的二次开发和营造新兴现代服务业来实现旅游业的可持续发展，同时积极向外围拓展圈提供旅游开发的技术支持和战略指导，以充分发挥中心的扩散效应（见图5-7）。

　　英国古典政治经济学家大卫·李嘉图的区域比较优势理论认为，具有不同区位资源的民族地区乡村发展具有不同的优势，乡村可以利用其特有的资源禀赋最大程度地发挥资源优势，发展最适用于凸显本地特色的乡村产业，避免乡村产业同质化。依据产业集群理论和区域比较优势理论，贵州有明显的区域比较优势，丰富的自然资源和民族风情属于"比较优势"明显的特性。但单纯依靠自然资源优势和民族风情优势进行竞争属于经济发展的初级阶段，需要致力于培育高级生产要素如知识、人才、创新，形

图 5-7　黔南州三都县水族博物馆　笔者拍摄于 2021 年 9 月 10 日

成市场竞争优势。集群培养的一个重要目标就是从比较优势转向竞争优势。竞争优势可以借助旅游产业集群发展的生产网络、社会网络、集群网络的打造来塑造集群竞争力。产业集群重点在于增强贵州旅游产业内在关联度，形成旅游产业集群协同力量。集群内的旅游企业之间、旅游企业与相关旅游企业乃至与行业协会、大学、科研所等机构的竞合将有力地推动旅游产业集群的"软竞争力"，依靠信息交流、资源共享、集群区内企业家精神，促进旅游产业结构调整和产业升级。总之，以旅游业为主的产业集群组织模式是贵州农村产业发展赋能乡村振兴战略的主要模式选择之一。

　　产业融合发展模式、龙头企业带动型发展模式、产业集群组织模式三种模式各有特色，分别更适合于种植业、养殖业、旅游业三大产业。但这三种模式并不是独立存在的，而是可以互相交织，互为支撑。也就是说，产业融合发展的种植业、龙头企业带动的养殖业、形成产业集群的旅游业更可能做大做强，也更适合产业特质。这三种模式是三大产业的最优选择模式，在最优选择模式的基础上，如果能顾及或者兼容其他模式的优势，当然是更好的选择。只是在推进产业发展的实践过程中，会出现不同的现实困难，需要在发展的过程中不断发现和解决问题。

第六章 贵州农村产业发展赋能乡村振兴战略的路径选择

任何一件事物的变革，初期在政策和资金的支持下比较容易取得成就，随着变革的推进，瓶颈开始出现，调动最基层最广大人民的力量正是事物发展的最佳突破口。显然，通过"八要素""五步工作法"等政策措施，贵州省在农村产业发展方面获得了显著的成绩并提供了宝贵的经验。但随着农村产业发展的进一步深入，初期释放的劳动力和市场已远远不能满足下一步农村产业高质量发展的需求。依据贵州农村产业发展赋能乡村振兴战略实施的五大影响因素（政策调控、产业定位、市场运作、乡村人才、农民素质）和深度访谈中发现的六大问题（外出务工者愿意返乡而又不返乡的两难困境；农民投资风险承受能力弱；干部与群众之间信任不足；培训不深入不到位；产业定位不清晰；产销对接不畅交易脱节）的分析，从党建引领、政府赋能、社会赋能、人才赋能、强基赋能五个方面提出贵州农村产业发展赋能乡村振兴战略的路径选择，以期将自上而下的政策和自下而上的实际需求相结合，务实助推乡村振兴战略。

一、党建引领：政策实施到位

以党建为引领，以项目为支撑推动农村产业经济高质量发展，是在贵州农村逐渐兴起的农村产业引领方式。党组织的力量是强大的，上有政府人员决定政策的走向，下有基层党员和村民同住一个行政村，共同参与产业发展。目前，贵州很多行政村尝试把政策宣传、农业执法、农技服务等融入党建工作中，通过抓党建促业务，以业务强党建。以党建为引领，实现政策实施到位的目标，可以从政策执行、发展模式、保障农民政治民主权利三个方面入手。

在政策执行方面，国家和贵州省出台了一系列关于农村产业发展的实施指导意见。具体指导意见前面已有阐述，这里需要重点强调的是政策落地后，基层领导的执行力。办好农村农民的事情，关键在党、关键在人。搭建起党建引领基层治理的'四梁八柱'，有章有法、纵深推进各项打基础、利长远的工作，是农村产业持久发力的根基。为落实政策执行到位，应积极推动村党组织领办合作社，村党支部书记担任合作社负责人，结合各市州现代农业产业布局，以党组织领办合作社为重点，组建多种形式的合作社，强化党建引领、增强发展活力。各村可以优选合作社带头人，优选一批年富力强、有思路、有能力、有担当的年轻带头人，立足实际、"一村一社""一村一特"，积极探索适合自己的发展路子，党组织领办特色合作社，不断壮大农村集体经济。对于地理位置较好的村，可以建标准厂房、仓储、市场、店面等，二、三产业为载体，发展物业租赁经营，农村电商等相关产业；对于周边有较好企业、合作社的，可配套做好土地流转、劳务输出等服务；对于有自己特色农业的，如林果、中药材种植，可将集体房屋、市场设施、农机具等集体经营性资产以及荒山、荒坡、荒滩等资源类资产，作为资本投资领办合作社，使集体"死资产"变为进驻市场的"活资本"；对于有山林、水面、自然风景和人文景观等资源优势的，可通过拍卖、承包、租赁、股份等方式投入乡村旅游产业。

在发展模式方面，习近平总书记在 2020 年中央农村工作会议上指出，"要完善利益联结机制，让农民更多分享产业增益收益"[①]。实践证明，利益联结机制是调动广大农民积极性的重要环节。乡镇干部和农民的互信互任是建立在农民获得实实在在收益的基础上。如果农村产业发展中工商资本的产业增值留给农民的不多，农民没有从中收益，也就没有参与感，反而还会觉得村干部"胳膊肘往外拐"，不为集体谋利益。只有坚持"基在农业、惠在农村、利在农民"的原则，通过创新完善农民利益联结机制，让农民更多地分享到产业化经营成果，才能对农民有真正的吸引力。可以利用"企业+合作社+基地+农户""订单收购+分红""土地流转+优先雇佣+社会保障"等多种利益联结模式，将分散的农户与龙头企业紧密联系起来、建立稳定的订单和契约关系，引导、支持农民积极参与产业融合实践，让农民获得更多产业发展的成果，进而吸引和鼓励更多农民积极参与产业发展。针对以种植业为主的产业融合发展思路，采取"订单收购+分红""土地流转+优先雇佣+社会保障""农民入股+保底收益+按股分红"等多样化组合模式，更有利于种植业的规模化发展和一二三产业的融合发展。针对以养殖业为主的龙头企业带动型发展思路，"龙头企业+合作社+农户"养殖利益联结模式值得借鉴。龙头企业负责指导各乡镇平台公司组织各村成立村社一体合作社，合作社发动群众在荒山荒坡和低产农作物用地种植优质牧草，指导农户组建"五户联保"养殖小组。在市场销售方面，采取订单销售模式，联系北京华联、永辉、星力、盒马生鲜等零售巨头，并在贵州各地市开设专卖店。注重发挥农民专业合作社及社办企业、家庭农场等新型农业经营主体的带动作用，提升小农户组织化程度，通过入股、土地流转、务工等形式建立密切的利益联结机制。针对以旅游业为主的产业集群组织发展思路，深化贵州农旅深度融合是优化选项。农旅融合抓住"以农促旅、以旅兴农、产业集群"这一核心，因地制宜既发展好第一产业，又发展好乡村旅游业，利用贵州山水资源优势，以"吃住游玩购娱"为基本功能，大力发展农家乐休闲旅游业，引导发展观光旅游、运动休闲、养生养老、农事体验等业态，实现旅游业与特色种养殖、加工流通业、餐饮服务业、文化产业等产业的交叉深度融合。雷山县西江千户苗寨、盘州市、江口县、湄潭县等4个案例成为全国乡村旅游发展典型案例，播州区花茂村、江口县云舍村、台江县长滩村等12个村入选首批全国乡村旅游重点村，入选数量居全国并列第三位。农旅融合主要有以下模式：其一，推动农产品与旅游深度融合。如遵义围绕湄潭、凤岗打造的茶文化旅游，围绕"生态贵椒，香辣天下"打造的辣椒文化旅游胜地。贵阳、六盘水、兴义等地围绕"水果+乡村旅游"模式，打造的精品水果采摘、农事体验、休闲观光游，加快推进了与特色旅游、绿色餐饮、文化节日等第三产业融合发展。其二，围绕乡村人文自然风景打造的乡村旅游。如盘州妥

农村产业发展赋能乡村振兴的贵州实践

乐依托世界古银杏之乡打造的银杏观光游，农户通过乡村旅舍、农家乐等形式深度融入，农民切实受益，加快推动了农村发展。其三，运动康养健身与乡村旅游融合，开展乡村主题旅游。中国唯一的国际山地旅游大会永久会址与举办地兴义将运动与乡村旅游融合，徒步游、山地运动、水上运动正在兴义流行。发展模式多种多样，不是固定不变的。已经存在的具有明显收益的发展模式或者正在探索的发展模式都只是提供了具有参考价值的样板，由于地域和人文素质的不同，甚至小到村与村的不同，最终选择的发展模式都可能不同。无论如何，宏观把握的发展模式很重要，让利于农民的核心宗旨更重要。访谈过程中，一些农民提到种植和养殖被一些外来农场主或企业主拿走了大量利润，即便表面上看起来家乡的产业一片繁荣，但当地农民收益甚微，面对巨大的生存压力，他们仍选择外出务工，只有些老人或在家带孩子不能外出的妇女根据季节的需求到农场或产业园区挣取按天计费的微薄工资。让利于农民，不仅仅是让农民参与产业发展，更重要的是农民参与产业发展所获得的收益要高于原先的生计方式所获得的收益，这样农民才有盼头，乡村振兴才有意义。所以，在发展模式方面，党建引领的意义在于要牢牢把握让利于农民的核心宗旨，然后提倡百花齐放百家争鸣的因地制宜的产业创新发展，已有模式只是借鉴。

同时，切实保障农民政治民主权利。治理有效是乡村振兴战略的基本方针之一，农民是乡村振兴的主体，也是乡村治理的主体，提高农民参与乡村治理的积极性有助于乡村振兴战略的顺利实施。一是完善村务公开，保障农民知情权。通过开展村务听证会，使农民了解权利范围，确保决策的公开透明，并利用投票、民意信箱等方式表达农民对相关政策制度的意见，传达政府相关政策及发展规划，使农民切实知晓相关事务，落实农民相关知情权，从而提升农民参与产业发展的积极性。同时，还可以利用现代化媒体平台，完善信息共享建设。例如通过微信公众号、网络直播教育课堂等形式，让农民在平台上留言、投票，进行互动、提出个人看法及意见，使权力运行、政策更加透明。这既提高了办事效率，增强了农民的参与感、获得感，又能最大限度地减少违规违纪问题的发生，还有利于更快地将产业信息传递给农民，促使农民在参与过程中，更加了解农村产业发展，切实表达自己的想法，进而提高产业发展效率。二是建立合理有效的诉求机制，切实保障农民表达权。农民的表达权是农民参与乡村建设的重要方面。在农村产业发展过程中，通过农民座谈会、农民代表大会等多种形式表达农民利益诉求，使农民切实参与到关系其自身利益的重大事务讨论，使政策更好地满足农民需求，保障农民权益。三是增强监督机制，保障农民监督权。保障农民合理有效的监督权是农民参与农村产业发展的必要条件，同时也是保证农民权益的重要途径之一。可以建立农民事务监督会，目的是约束村干部权力、规范村务行为，从而切实保障农民利益。

充分发挥党的引领功能和组织功能，调动最广大党员的积极性，始终以党为核心，听党话、跟党走，政策执行就不会跑偏，政策效果就能显著，人民群众就能得到切实的利益分享。

二、政府赋能：产业定位精准

根据产业集群理论和区域比较优势理论，产业选择应该在充分考虑各地区产业基础、资源禀赋、人文条件、民族区域偏好和地理区位的基础上慎重决定，规划民族区域适宜的产业项目，采取相应的帮扶措施，宜林则林、宜游则游、宜众则众、宜养则养，突出区域比较优势，并形成产业集群效应。进行产业定位，政府担负着重大责任和使命。政府的政策引导、资金支持是产业选择的风向标。在进行产业定位时，需做好以下三点工作。

一是充分发挥资源优势，在区域比较优势上下功夫。如果把农村产业发展比喻为"紫海战略"[1]，这意味着农村产业的发展需要在结合"红海市场"[2]的现有资源上，通过创新发展模式将"蓝海市场"从中分离出来，开辟出农村产业发展的紫海空间。贵州农村存在各种碎片化的丰富资源，有着亟待开发的市场空间。通过资源集聚手段盘活农村资源，是开辟贵州

---

① 艾学蛟. 紫海战略新商业模式领跑未来 [M]. 北京：清华大学出版社，2010：14.

② 注：红海市场：红海代表现今存在的所有产业，也就是我们已知的市场空间。蓝海市场：蓝海代表当今还不存在的产业，就是未知的市场空间。紫海空间：所谓紫海，就是红海与蓝海的混合区域，红色与蓝色混合在一起就是紫色，同理，红海与蓝海夹杂在一起，就组成了紫海。随着越来越多的竞争者进入蓝海，蓝海逐渐变为介乎蓝海与红海之间的紫海；而企业进入红海时，要想生存并发展，就需要寻找自己的核心竞争力，即不同于其他企业之处，也是在渐渐向蓝海靠拢，最终也进入紫海。紫海兼具红海的竞争与蓝海的创新，这两个常态相互融合，就构成了一个市场常态

农村产业紫海空间、实现贵州农村产业可持续发展的关键举措。应全面统筹区域现有资源，在摸清底数、掌握情况的基础上，打造可持续发展的资源集聚区，在区域内实现资源共享，满足农民对产业多样化的需求。同时，充分发挥青年文创小镇、特色产业园区等的示范带动作用，吸引更多资源要素聚集，为产业发展提供更多强劲动力。根据各地独特的区域优势和资源禀赋，将乡村的资源优势转化成产业优势，形成乡村产业发展新格局，突显地方发展产业优势，避免大规模的同质竞争，使农民通过特色产业增加经营性收入。

二是加快农村产业调整，在产业集群上下功夫。在产业空间布局上，积极引导农村产业向农产品主产区、中心村、特色村等"低密度"汇聚，构建功能清晰、有机衔接的高质量发展格局，进而形成农村产业集聚效应。在农村产业结构上，通过引进附加值高、效益较好的新产业来推动产业结构升级。实现"产加销服、科工贸金"全面联动、"农文旅教"充分融通，着力构建"三产"互通互融的现代农村产业结构体系。在产供链问题上，围绕农产品加工流通、农业科技创新、内外资源要素聚集、农业形态创新做文章，"以点带链"确保"上中下游"科学高质联动，有效构建贵州农业全产业链模式，着力解决产供链"卡脖子"问题。在农业主体培育上，首先，积极培育及引进关联性大、带动能力强的企业，形成企业带动产业发展的格局，从而进一步壮大培育龙头企业队伍，凸显龙头企业"领头羊"作用。其次，完善基层文化建设及职业道德教育系统，大力开展相关课程培训，增强农民提升农产品质量的意识，积极引导农民认清市场形势。再次，开展"职业技能比赛"等类似有关活动，加强农民以现代市场需求为导向的质量意识，使农民深刻认识到机械化质量作业对农业发展的现实意义，促进农民不断提高个人职业道德素养，从而从源头上保证农产品品质。最后，增强农民的品牌意识，通过加大品牌宣传教育、政策扶持和信息咨询扶持力度，提高农民的品牌认知、促进农民参与"一村一品""一镇一业"等特色专业村镇建设，为农村产业高质量发展强力赋能。在农村资源利用上，针对当地资源优势做好产品定位、品质提升等工作，通过打造"一村一品"示范村镇等发展模式，增强农产品品牌竞争力、生命力，形成一村带数村、多村连成片的农村产业发展格局，促使脱贫攻坚成果有效衔接乡村振兴，为产业兴旺"添砖加瓦"。

三是产业发展向市场化推进。产业发展向市场化推进是指产业（种植业、养殖业、旅游业等）依据当地自然资源、气候土壤、人文环境等条件紧跟市场需求，以市场为风向标合理种植、养殖或开发。推进产业发展市场化能够有效解决农产品销路不稳定、价格上不去，产品质量不高、产业发展同质化等产业发展难题。在大多数消费者看来，较高的价格代表较高的农产品质量，将优质农产品和普通农产品区别开来，能够较好地分析不同消费群体对不同农产品的需要程度，利于农业经营者及时有效地调整产业生产。

三、社会赋能：市场运作顺畅

市场是社会分工和商品生产的产物，哪里有社会分工和商品交换，哪里就有市场。市场或多或少自发地出现，或者可以通过人际互动刻意地构建，以便交换服务和商品的权利（比如所有权）。市场在其发育和壮大过程中，推动着社会分工和商品经济的进一步发展。市场通过信息反馈，直接影响人们生产什么、生产多少、上市时间以及产品销售状况等。联结商品经济发展过程中产、供、销各方，为产、供、销各方提供交换场所、交换时间和其他交换条件，以此实现商品生产者、经营者和消费者各自的经济利益。

产购销对接体系的现代化是指生产、购买、销售三方运用现代化沟通途径实现信息有效对接、商品向货币及时转换。生产的目的是为了销售，而销售又进一步促进生产。扎实构建产购销对接体系，是解决"农户主义"经济形态矛盾、帮助产购销三方增收节支的重要抓手，同时也是实施乡村振兴战略、实现农村农业现代化的关键。农作物能顺畅地从商品转化为货币进入农民口袋，农民的积极性会被激发，产业革命高质量发展就有保障。产购销对接不仅要在组织规划、产销机制等方面有配套措施，更需要着眼于商品使用的关系链、提升流通服务的信息价值，并在立足现代化市场经济体系的基础上，使供应链配套服务在市场资源要素的优化配置中，通过多方合作、确立意向合作方等现代化产销对接模式赋能乡村产业，从而在生产方、购买方和销售方的有效衔接中实现农村产业发展的高质量发展。同时，可以积极开展"对口"式农产品产销对接活动（展览会、交易会、洽谈会等），根据农产品品类、精准投放销售市场，缩短农产品流通链条，打通生产和销售的中间环节。搭乘"互联网+"的东风，引入电商销售模式。电商的引入可以大大节省产品销售的时间成本，拓宽销路，让农民实现不出家门就能完成产品销售，从而更专注于品质的提升。培养一些有商业头脑的农民，创建农民产销民间组织，通过各种产销对接活动，建立农民与经销商的长期合作关系。并加强与大型农贸、商贸、电商等各大商超平台联系，大力推进"农校对接""农社对接"等现代化产销对接机制，并及时了解市场需求，针对性调运农产品补充市场供应。通过订单农业、产销一体化、股权合作等产销模式拓展农产品外销渠道，提升农产品产销对接渠道稳定性。政府也可以采取以奖代补、购买服务等方式，引导和鼓励第三方电商企业建设电商服务平台，扶持农村电商服务站点建设。同时，可以借助电商助农的风潮，为农民打通市场信息渠道，通过"市场连农户"等产业发展思路，帮助农户与市场直接对接，降低农产品销售的中间环节，最大限度地让农民获益。

四、人才赋能：乡村人才归位

赋能是当代思想家张荣寰于 2007 年提出来的涉及人类学、生态学、素质教育、文明学的概念，他明确提出"通证即赋能，就是去中心的主动离心发展，即个人、平台、系统、组织、制度、价值链等从赋权向赋能向赋新的升华过程"。在《全生态：生命共同体》中明确提出"全生态连接一切，赋能于人，形成生命共同体"。在《共享论》中提出"以协和、联动、共享、赋能打造全球价值链为路径，以建设生态文明为使命、以实现人类命运共同体为愿景"。从 2017 年底以来，"赋能"成为一个热门词汇，被培训机构、企业、媒体、学界，乃至政府经常使用，赋能是内部创新的过程和造物过程。赋能有五个发展要素：发展核心、独立核心、自我发展路径、自主离心趋势、完善生态体系。赋能一般分为主动式赋能与被动式赋能、自我赋能与非自我赋能、中心赋能与去中心赋能。人才赋能，让乡村人才归位，乡村发展才有活力。此处的人才赋能一方面指乡村外出务工者主动返回家乡服务家乡（即主动式赋能、自我赋能、中心赋能），另一方面指对在家乡和返回家乡的人们进行有实效的技能培训（即被动式赋能、非自我赋能、去中心赋能）。

在吸引人才返乡就业创业方面，需要从政策配套和搭建平台两个角度下功夫。在政策配套方面，一是健全农村金融服务体系。农村产业发展前期投入大，资金回收周期长，而大部分农民自我积累资金有限，想创业可能没有启动资金，就算有启动资金，也难以避免资金回收周期长所带来的资金链断裂风险。同时，金融机构往往也更倾向于服务经济发展水平较高的乡镇，经济发展水平较低的乡镇办事相对不那么顺畅。烦琐的办理程序、不高的贷款额度、并不友好的业务办理态度，难以吸引外出务工人员返乡创业就业。鼓励涉农金融机构在业务范围内对农民及外出务工人员适当放宽贷款条件、简化贷款程序、放宽贷款担保人等，能进一步提升农村金融服务的可及性与普惠性，缓解涉农主体融资难、担保难、贷款难等问题，避免资金回收周期长所带来的资金链断裂风险，在一定程度上可以提高农民的抗风险承受能力。健全农村金融服务体系还可以吸引工商资本下乡，而工商资本的下乡又可以为农村创造一定数量的就业岗位，从而带动人才回流以及吸纳外出务工人员返乡回巢。二是提高农业保险服务能力。通过风险分散、转移支付手段等措施，对农村产业发展过程中产生的风险损失承担约定责任范围内的经济补偿，一方面能为农村产业发展撑起安全的"保护伞"，减轻自然灾害带给农民的生产损失，稳定产业发展预期收入；另一方面可以增强农民在发展产业过程中的抗风险能力，解除农民创业的后顾之忧，提高农民发展产业的信心、吸引外出务工人员返乡创业。三是着力突出维权保障。在农村产业发展过程中，拖欠农民工资和承诺资金的发放问题亟待引起重视，拖欠农民工资和拖欠承诺资金发放会降低农民对村干部的信任，进而降低农民及外出务工人员参与产业发展的积极性。因此，为预防和解决拖欠农民工资和拖欠承诺资金发放问题，需着力构建农民工资支付保障制度、应急周转金制度，为外出务工人员返乡就业提供良好环境。在搭建平台方面，一是加强覆盖城乡的公共创业就业服务平台建设。建议地方在结合创业就业资源条件的基础上，针对农民工返乡创业就业的实际需求，搭建农民工返乡创业就业服务平台，为返乡农民工提供创业就业指导、创业就业技能培训、劳动维权、社会保障等"一条龙"服务，不断提高务工返乡人员创业就业能力，增强务工返乡人员参与产业发展的自信心。二是通过搭建"政府-企业-农民工"就业信息发布平台，整合劳务信息，解决因信息不对称造成的劳动力供需失衡问题，提高农民工就业成功率。三是通过创建创业导师团、交流融资平台等，有效帮助农民工合理选择创业项目，最大限度规避创业风险。四是针对农村留守妇女、女大学生就业渠道窄、稳定就业难等问题，充分发挥妇联组织的职能作用，为农村女性提供政策信息、技能培训、岗位对接等服务，为妇女就近提供适合的工作岗位，方便她们照顾家庭，减轻家庭负担。

在技术培训重实效方面，需要切实解决培训内容针对性不强、培训内容脱离实际等问题。首先，农民培训要懂心理重实效。多数农民只赚不赔、一分耕耘一分收获、实时结算的心理太过强烈，甚至有些农民抱着"在家也是闲着，去培训还能领点赠品"的心态参加培训。针对当前农民的实际情况，更需要贴合农民的需求和能力来开展培训，不能一味只顾数量和形式，要考虑农民的真实感受，大力去宣传，让农民能够更好地了解农村产业发展，让他们更多地主动参与进来。其次，充分认识到农民文化水平低、需要干货又核心的培训、需要实质的技术指导和服务的事实。可以根据不同农民"胃口"，进行"点单式"产业培训选择，赋予农民产业培训自主选择权；并开展创业就业跟踪指导，真正落实技术培训。只有当培训内容及方式满足农民期望时，才有可能调动农民自觉参与培训课程的积极性。再次，农民培训要充分考虑当地经济、文化、资源、农村产业情况等基本因素。及时总结分析产业发展难题，精准制定培训内容、培训目标，可以有针对性地解决产业发展过程中农民无法应对的问题。最后，培训教育不仅要落实到农民身上，还要落实到涉农干部身上。基层干部是农村产业发展过程中最直接的组织者、实践者和推动者，是实现乡村振兴战略的重要力量。通过建立干部学时学分制度、培训抽查检验制度，把干部参加培训情况、学习成绩和鉴定纳入日常考核。真正做到急农民所难、解农民所需。使干部在面对群众咨询时"抬得起头""胸有成竹"，增加干部在群众心中的威信，从而增强群众参与产业发展的积极性与自信心。

五、强基赋能：农民素质提升

提高农民产业发展意识与能力是强基固本的根本问题。通过对大量被访者的访谈资料进行整理，很明显发现人有认知层次差异，承认并引导和利用好这个差异至关重要。很多被访者还没有意识到"钱本身有时间价值"，对当代社会的金融功能（钱怎么用）仍缺乏基本的认知，处在"钱只具有交换价值"的认知层面。他们习惯于将钱用于直接的商品交换，希望得到即时的回报。在面对当期小额投入、未来可以获取更好的保障和回报时，由于看不到即时的利益，他们并没有意愿和积极性去参与。这种认知层面的缺失，会严重影响他们参与任何需要前期投入的商业活动。比如，参加技能培训不给礼品就不去，石榴树种植两年不见效益就退出等。然而，就现代社会通常进行的商业活动而言，资本投入、时间投入和劳动技能投入都是不可缺少的。缺乏专业技能和长线投资意识，往往是导致他们无法参与工业社会的财富创造和财富分配的主要原因。针对农民整体上投资抗风险能力弱、认知能力弱、更多关注眼前利益、对政府不信任又想依赖政府的现实状况，可以从以下方面寻求突破。

一是强化技术服务。强化技术服务是提高农民产业发展意识与能力的关键。事实上，农民具有品牌意识，对"一村一品""一镇一业"等特色专业村镇建设持支持态度，关键是落实到自己身上，他们承受风险的能力本就较低，农村技术服务的缺失会进一步挫伤他们对参与现代化产业发展的积极性。他们常常表现出对农业生产能力和生产信心的不足，担心投资损失影响当前正常生活。村两委可以定期聘请涉农专家服务团为农民组织开展技术指导服务，并通过现场讲解、技术实操、开展培训讲座等方式为当地村干部、农民、技术人员等提供交流互动的机会，现场为农民答疑解惑。农民自身懂技术、发展产业的相关人员也懂技术，不仅提高了农民参与产业发展的能力，也增强了农民参与产业发展的信心。

二是强化宣传教育引导。在加强技术技能培训的同时，提升农民认知能力的培训同样重要，农民认知能力的提升可以促使农民进一步理解"在当前投入时间或者金钱接受一定的技术技能培训，在当前投入时间和金钱从事政府主导的农村产业发展，可以在未来收获更好的经济回报"，从而提高农民对新技术、新产业的接受度。结合访谈资料，贵州部分地区农民对乡村振兴战略没有较为清晰的认知。用通俗易懂的语言，农民喜闻乐见的戏曲、小品等形势，可以帮助农民真正理解乡村振兴战略的重要意义，培育农民的责任与担当意识，激发农民参与乡村振兴的主体意识。同时，通过大力宣传农村创业典型故事，开展创业之星等表彰活动，可以切实提高农民参与产业发展的信心与热情。

三是培养农民与乡村干部的互信情感。农村干群关系的和谐稳定有助于农村现代化建设，对构建社会主义和谐社会有着积极的现实意义。农村产业高质量发展最重要的因素是人。产业发展不但需要技术人才的指导，更需要大量农村劳动力的积极参与、农民和村干部的互信互任、精诚团结。在新时期农村经济建设中，农民与乡镇干部的互信问题值得高度重视。农民作为农村产业发展的主体与村干部关系最为密切，促进农民与村干部的靠拢团结，是妥善化解农村干群矛盾的基础，对调动农民生产积极性、强化村干部履职能力具有积极意义。村干部不可能唱"独角戏"，农民也不可能置身事外，建立良好干群关系，不仅需要"官与官"的团结协作，更需要"官与民"的凝心聚力。可以从以下几个方面增进农民与村干部的互信情感。首先，畅通沟通机制。农民与乡镇干部的情感需要在一件件事情、一次次交流中培养，多沟通、多互动、多交流，情感才能增进，理解才能加强，产业才能发展。乡镇干部要主动践行群众路线，充分利用农民夜校、道德讲堂、农民组织生活会等形式，讲清讲明农民关心的各类政策、事项。当农民对某些政策有误解时，应主动与其沟通交流，多宣讲政策、摆正实事，多增进感情。村干部对存在的工作失误，应主动承认，并及时整改。群众利益无小事，村干部应及时回应民怨顺应民意，遇到难事急事不推不拖，耐心细致为农民办实事。同时，在发展产业时，要注重增强干群凝聚度，乡镇干部要积极同农民"共享共谋共划"，农民觉得村干部重视他们，参与的积极性就会被调动起来，产业自然也就发展了起来。其次，村干部不断提升自身综合素质和业务能力。村干部自身拥有较强的综合素质和业务能力，农民才会觉得村干部"靠得住"。村干部自身能力不足或产业方向选择失误，可能导致产业发展一开始成效不显著或缺乏发展的可持续性，而农民的抗风险意识和能力本就不强，很容易因为见不到即时效益而放弃和退出。访谈中有的村干部对产业的选择出现偏差，加上外部市场的风险性，结果让部分农民缺乏安全感及信任感，有些农民对产业发展抱有犹豫和迟疑态度，甚至不愿再关心及参与本村的产业发展。建立干部定期定量培训制度，开展干部道德讲堂，加强村干部对农村各项方针政策的深刻理解和把握，对提升村干部的工作能力，强化村干部的责任意识、担当意识、集体意识有重要作用。最后，农民提升自身综合素质。不仅是村干部需要提升综合素质，农民的综合素质也应当提升。农民科技文化水平偏低，对现代化产业发展方式接受度较低，而干部因为农民不配合、不支持工作，会产生心理上的倦怠情绪，甚至觉得是群众在故意找麻烦，从而产生矛盾冲突。因此，农民自身综合素质的提升对加强干群信任、推进农村产业现代化发展等有积极作用。农民自身不能抱着"在农村就依靠政府，依靠不住就外出打工"的心态做事，要不断学习接受新事物，主动找村干部汇报交流沟通，要珍惜村里组织的各种学习机会，主观上力求进步。

总之，乡镇干部是政策落地的执行者、是凝聚人心的枢纽站。干部在产业选择、对点帮扶、产销对接等方面大有可为。乡镇干部和农民的互信互任是建立在农民获得实实在在的收益基础上的。乡镇干部要主动践行群众路线，积极同农民"共享共谋共划"，在沟通中不断强化农民责任意识及风险意识，从而有效化解干群矛盾、增强干群凝聚度及信任度，进一步夯实群众基础，为农村产业高质量发展释放人口红利。农村产业发展就像一个系统，里面的各个程序都是相连接的，一环扣着一环，一步步的发展就能带动整个系统的发展。在经历过一个个不同矛盾的历史性阶段（农村产业发展的不同阶段会遇到不同的矛盾，比如干群互信矛盾、产业发展定位矛盾、地理环境制约与规模化种植的矛盾、产销对接矛盾、利益分配矛盾等），农村产业发展必将会推进农村产业发展、加快农村改革创新，成为农村发展、农民致富的新动能，为乡村振兴战略保驾护航。

第七章 研究结论

一、农村产业发展赋能乡村振兴战略的研究框架明确

整体上看，农村产业发展赋能乡村振兴战略的研究框架明确，可以概括为"四五三五"。即四个理论借鉴、五个主要影响因素、三种主要产业发展模式、五个路径策略。四个理论借鉴分别为增长极理论、一村一品理论、产业集群理论、区域比较优势理论。贵州农村产业发展赋能乡村振兴战略实施的五个主要影响因素分别是政策调控、产业定位、市场运作、乡村人才、农民素质。三种主要产业发展模式分别是以种植业为主的产业融合发展模式、以养殖业为主的龙头企业带动型发展模式、以旅游业为主的产业集群组织模式。贵州农村产业发展赋能乡村振兴战略的五个路径策略是党建引领：政策实施到位；政府赋能：产业定位精准；社会赋能：市场运作顺畅；人才赋能：乡村人才归位；强基赋能：农民素质提升。

逻辑上，"四五三五"框架是顺承与指导的关系。顺承关系是指书稿结合实地调研的访谈资料，由理论借鉴过渡到对影响因素与产业模式的探讨，再针对五个影响因素一一对应提出五个路径策略。指导关系是指书稿是在四个理论借鉴的指导下进行的。结合访谈发现的问题，在产业发展理论指导下探寻贵州农村产业发展赋能乡村振兴战略实施的影响因素、产业模式和路径策略。政府政策、产业定位、市场运作、乡村人才、农民素质是贵州农村产业发展赋能乡村振兴战略的五个重要影响因素。农村产业发展顺利推进，乡村振兴战略中的产业兴旺目标就更容易

实现。贵州农村目前有三大主要产业：种植业、养殖业、旅游业。这三大产业有各自突出的产业发展模式，这些模式相互之间可以借鉴。以上五个影响因素在三大产业中共同存在，但由于三大产业的核心运作模式有所不同，影响因素对三大产业影响的权重有所不同。相应的，针对五大影响因素，后面提到的五个路径策略在三大产业的不同模式选择中权重也不同。其中，路径策略中的党建引领：政策实施到位对三大产业种植业、养殖业、旅游业都至关重要，因为党建引领是基层发展的根本指导力量。路径策略中的政府赋能：产业定位精准、社会赋能：市场运作顺畅在种植业和养殖业中权重更大，因为种植什么、养殖什么的产业发展定位和产购销体系构建是这两大产业能否做大做强的保障。路径策略中的人才赋能：乡村人才归位在旅游业中权重更大，因为旅游业的定位相对于种植业和养殖业更依赖于先天的自然环境资源，也更容易确定下来，其产业集群模式的旅游业发展更依赖于人才赋能，产业定位和市场运作的权重较低于乡村人才的权重。最后，路径策略中的强基赋能：农民素质提升，对三大产业权重相同，都一样重要。

二、农村产业发展赋能乡村振兴战略的路径明晰

贵州农村产业发展赋能乡村振兴战略的内在机理，分宏观层面和微观层面两个维度解读。宏观层面看，贵州农村产业发展是贵州省委省政府提出的振兴农村经济的战略举措。乡村振兴战略是国家提出的振兴农村经济的战略举措。贵州农村产业发展的核心是对农村产业进行一场革命，目的是振兴农村产业经济。乡村振兴的总要求是"产业兴旺、生态宜居、乡风文明、治理有效、生活富裕"，目的是乡村全面振兴，农业强、农村美、农民富全面实现。贵州农村产业发展和乡村振兴战略都紧扣两个核心词：产业和经济。贵州农村产业发展的核心诉求振兴农村产业经济正是乡村振兴战略的总要求之一"产业兴旺"。而且产业兴旺被放在乡村振兴战略总要求的第一位，可见其重要性和基础地位。由此，在宏观层面，贵州农村产业发展和乡村振兴战略围绕着产业经济的核心诉求紧密相连。可以说，贵州农村产业发展是助推乡村振兴战略（核心是助推产业兴旺）的强大策

略。微观层面看，贵州农村产业发展"八要素"——产业选择、培训农民、技术服务、资金筹措、组织方式、产销对接、利益联结、基层党建和贵州农村产业发展的工作指引"五步工作法"——政策设计、工作部署、干部培训、监督检查、追责问责，都旨在系统、科学地推进农村产业发展实施，重点是农业产业结构调整，一二三产业融合，即聚焦优势品种、把握市场需求、围绕主导产业推进农业产业调整取得更大成效。产业革命操作层面的技术路线完全吻合乡村振兴战略的发展思路。在微观层面，贵州农村产业发展和乡村振兴战略的技术操作方法是一致的。宏观层面核心诉求的紧密性和微观层面技术操作的一致性，使农村产业发展和乡村振兴战略产生了内在的关联和相互作用。

贵州农村产业发展赋能乡村振兴战略的路径选择是党建引领、政府赋能、社会赋能、人才赋能、强基赋能。一个引领、四个赋能这一路径选择是清晰的。这五个方面是贵州农村产业发展赋能乡村振兴战略的核心要素。这些要素间的关联在于以党建引领为总舵手，政府、社会、人才、强基互为支撑，共同发展。从机制运作的形式看，贵州农村产业发展赋能乡村振兴战略的机制属于指导-服务式的运行机制，即以指导、服务的方式（党建引领）协调各部分（政府赋能、社会赋能、人才赋能、强基赋能）之间的相互关系。从机制的功能看，贵州农村产业发展赋能乡村振兴战略有激励机制、制约机制和保障机制三种机制。具体为党建引领：政策实施到位是激励机制，旨在调动农村产业发展主体的参与积极性；政府赋能：产业定位精准，社会赋能：市场运作顺畅是制约机制，旨在保证农村产业发展有序化、规范化；人才赋能：乡村人才归位，强基赋能：农民素质提升是保障机制，为农村产业发展实施提供物质和精神条件。机制的划分只是为了更全面透彻地理解事物运作的原理，机制实际上是相互联系和相互渗透的。在贵州农村产业发展赋能乡村振兴战略机制的运作原理指导下，根据贵州各地区的实际情况，科学理性的选择贵州农村产业发展赋能乡村振兴战略的三种模式之一（以种植业为主的产业融合发展模式、以养殖业为主的龙头企业带动型发展模式、以旅游业为主的产业集群组织模式），能让贵州农村产业发展走得更远更扎实。

三、农村产业发展有扎实的群众基础，要牢牢把握让利于农民的核心宗旨

应当指出，发展模式多种多样，不是固定不变的。已经存在的具有明显收益的发展模式或者正在探索的发展模式都只是提供了具有参考价值的样板，由于地域和人文素质的不同，甚至小到村与村的不同，最终选择的发展模式都可能不同。无论如何，宏观把握的发展模式很重要，让利于农民的核心宗旨更重要。访谈过程中，一些农民提到种植和养殖被一些外来农场主或企业主拿走了大量利润，即便表面上看起来家乡的产业一片繁荣，但当地农民收益甚微，面对巨大的生存压力，他们仍选择外出务工，只有些老人或在家带孩子不能外出的妇女根据季节的需求到农场或产业园区挣取按天计费的微薄工资。让利于农民，不仅仅是让农民参与产业发展，更重要的是农民参与产业发展所获得的收益要高于原先的生计方式所获得的收益，这样农民才有盼头，乡村振兴才有意义。所以，在发展模式方面，党建引领的意义在于要牢牢把握让利于农民的核心宗旨，然后提倡百花齐放百家争鸣的因地制宜的产业创新发展，已有模式只是借鉴。

笔者整理了 200 位被访者关于贵州农村产业发展的态度和看法，可以看出，成绩与困难同在，有推进的理论逻辑和具体措施，也有阻滞因素。应该肯定，自 2018 年贵州实施农村产业发展以来取得的成就是显著的。问卷及深度访谈中提到的问题是农村产业发展取得阶段性成果的同时面临的、需要进一步解决的问题；这些问题的解决，有助于农村产业发展向纵深发展并取得更大的成就，为更多的农民谋取切身利益。在国家公职人员视域中，没有人对农村产业发展持不支持态度，也没有人表示无所谓不关心。只有一位 70 岁的苗族男性退休干部认为所在村存在多种客观困难，坚持农村是养老的地方，鼓励年轻一代的大多数人出去奋斗和闯荡。但整体上看，国家公职人员对农村产业发展持支持态度。在民众视域中，人们对农村产业发展与乡村振兴战略的态度主要分为支持、不支持、无所谓不关心三类。从持支持态度的民众视域出发，持支持态度的民众充分肯定了农村产业发展的价值，认为农村产业发展在国家政策的大力支持下，给农村

带来了许多经济利益，对促进农民增收和农业稳定发展等有一定积极作用。但同时也指出农村产业发展在发展过程中存在不同的问题。从持不支持态度的民众视域出发，他们普遍表示自己并不懂什么是农村产业发展，并认为农村产业发展不但没有带动当地经济发展，反而给大家带来了负担。从持无所谓不关心态度的民众视域出发，他们普遍对农村产业发展与乡村振兴战略没有较为清晰的概念，认为农村产业发展跟自己没有关系。

以上说明农村产业发展有扎实的群众基础。很明显，被访者中国家公职人员对农村产业发展持积极的支持态度。普通民众大部分持积极的支持态度。只有5人表示不支持。持无所谓不关心态度的被访者一共18人，而这18人中有些人是能够通过努力争取到的，有些人看到同村人获得收益后也会自愿转为支持态度的。虽然农村产业发展有扎实的群众基础这一结论是由对200位被访者访谈得到的，但这一结论在贵州具有代表性，有个别推论总体的基础。由于无法获得贵州所有农民和国家公职人员的总体数据，无法确定抽样框，因此没有采取严格的随机抽样。在选取被访者时，首先确定了市州的区域范围，然后采用判断抽样和滚雪球抽样确定了一部分样本，其余的样本则根据性别、年龄、职业、民族、学历等变量在已选样本的基础上进行了配额，力争样本最大可能的具有代表性。而且，总体各单位间离散程度不大，调查人员有丰富的调查经验，由此推论整体有一定的合理性。

四、农民是农村产业发展最广大的力量

农村产业发展的实施主体是农民。农民是真正的农村产业发展实践者，是农村产业发展最广大的力量。农村产业发展表面上"革"的是农村产业的发展问题。包括制度建设、经济支持、产业定位、产业发展模式、产业主体等多种现实问题。归根到底，农村产业发展实质上"革"的是农民的经济发展问题，是为了让农民从根本上改变落后的生活生产方式，通过产业兴旺实现农民经济收益的稳步提升，生活得真正富足。正如农民在访谈中所说，希望村子发展越来越好，也希望个人收入能不断增加。这是大部分被访者对农村产业发展的期待，也是其支持村集体经济发展的关键

理由。对每一位农民而言，经济的发展、收入的增加就是他们最大的激励与动力。

贵州农村产业发展已经取得的显著成就是国家政策、地方政府、村镇领导干部、产业发展带头人、产业技术人员等积极不懈努力的结果。调动最广大农民的积极性，吸纳最广大农民的力量是今后一段时期甚至是长期应该努力的方向。因为不管是农村产业发展还是乡村振兴战略，初衷都是让农民致富，给农民找到经济发展的方向。而且，没有广大农民参与的农村产业发展和乡村振兴战略也发展不长久，后劲不足。目前来看，不管是外出务工者，还是留守家乡的农民，都在新农村建设的过程中得到了或多或少的好处，居住环境的改善、交通的便利、收入渠道的增加都提升了农民的幸福感。虽然在访谈中仍能听到一些农民的抱怨和不满，同时也发现有些地方的干群关系略显紧张。但这些问题主要是由于产业选择不准，导致农民劳动付出、经济付出和预期收益不匹配；外来人员建厂做企业主，拿走了大部分收益，农民收益微薄；销售不顺畅，导致产品滞销等原因。这些问题是产业发展过程中的必然问题，而且是能够解决的问题。这些问题的有效解决能进一步提升农民的幸福感、积极改善干群关系。干部与群众的基本诉求是一致的，这是干群关系和谐友好的最核心的关键点。在产业发展的过程中及时纠偏，农民在产业发展的过程中得到越来越多的实惠，是进一步促进农村产业发展的重要因素。

五、农民的认知层次和实践能力最终决定农村产业发展的实施效果

通过对大量被访者的访谈资料进行整理，提高农民产业发展意识与能力是强基固本的根本问题。农村产业发展的进一步推进，单靠政府力量是远远不够的。必须调动最广大农民的积极性。在加强技术技能培训的同时，提升农民认知能力的培训同样重要，农民认知能力的提升可以促使农民进一步理解"在当前投入时间或者金钱接受一定的技术技能培训，在当前投入时间和金钱从事政府主导的农村产业发展，可以在未来收获更好的经济回报"，从而提高农民对新技术、新产业的接受度。结合访谈资料，

贵州部分地区农民对乡村振兴战略没有较为清晰的认知。用通俗易懂的语言，农民喜闻乐见的戏曲、小品等形势，可以帮助农民真正理解乡村振兴战略的重要意义，培育农民的责任与担当意识，激发农民参与乡村振兴的主体意识。同时，通过大力宣传农村创业典型故事，开展创业之星等表彰活动，可以切实提高农民参与产业发展的信心与热情。农民的认知层次和实践能力最终决定农村产业发展的效果。农民的认知层次提高了，参与产业发展的信心与热情也有了，但这还不够。实践能力也是重要指标。在具体参与农村产业发展的实践过程中，农民的技能是逐渐提高的，随着参与的深入，农民的选择能力随之增强，在选择参与产业的具体某一个环节或者参与的程度与规模上会有更明显的认知。重视农民的认知层次和实践能力，就可以更好地把握农村产业发展的进程，更有助于实现乡村振兴。

六、乡村振兴是漫长的过程，施政者需对农民有耐心

在党和国家的战略支持和贵州省委省政府的全力指导下，贵州农村走出了一条特色化的发展道路，取得了显著成绩。尤其在自上而下的通道中，打通了"上"的环节，政策、措施、保障从理论上讲是到位的，但是"下"的环节（重点是农民和基层干部）在实践操作层面遇到了瓶颈。要真正实现上通下达的政策实施效果，需要走进基层，深度了解农民，理解农民行为背后的意义；更需要对农民有耐心，接受农民反应滞后的现实，把乡村振兴放在一个较长的时间跨度中。

目前贵州农村产业发展面临的六大阻滞因素分别是外出务工者愿意返乡而又不返乡的两难困境、农民投资风险承受能力弱、干部与群众之间信任不足、培训不深入不到位、产业定位不清晰、产销对接不畅交易脱节。乡村振兴是漫长的过程，施政者一定要对农民有信心、有耐心，急不得、躁不得。要在长期的工作中稳步地推进各项举措。根据调研发展的六大阻滞因素，对策建议有以下几点。对策建议一，健全创业就业体系，鼓励外出务工人员返乡回巢。健全农村创业就业体系从政策配套、平台搭建以及发展模式三个方面入手。对策建议二，提高农民产业发展意识与能力。针对农民整体上投资抗风险能力弱、认知承担能力弱、更多关注眼前利益、

对政府不信任又想依赖的现实状况，可以从强化技术服务、强化宣传教育引导、激发农民参与热情等方面寻求突破。对策建议三，培养农民与乡镇干部互信情感。村干部不可能唱"独角戏"，农民也不可能置身事外，建立良好干群关系，不仅需要"官与官"的团结协作，更需要"官与民"的凝心聚力。一是畅通沟通机制。二是村干部应不断提升自身综合素质和业务能力。三是农民也应提升自身综合素质。对策建议四，技术培训重实效。技术培训重实效是当前贵州农村产业发展的现实需要，能够有效解决培训内容针对性不强、培训内容脱离实际等问题。首先，农民培训要懂心理、重实效。其次，充分认识到农民文化水平低、需要干货又核心的培训、需要实质的技术指导和服务的事实。再次，农民培训要充分考虑当地经济、文化、资源、农村产业情况等基本因素。最后，培训教育不仅要落实到农民身上，还要落实到涉农干部身上。对策建议五，在产业选择上发力。提高村干部的产业定位和布局能力。一是产业发展向市场化推进。二是充分发挥资源优势。三是加快农村产业调整。对策建议六，实行"保姆式"监督服务，营造产业发展良好环境。乡镇干部既要当好监督者，更要当好贴心人。首先，强化监督服务意识。其次，为农民找好销路。最后，切实保障农民政治民主权利（一是完善村务公开，保障农民知情权；二是建立合理有效的诉求机制，切实保障农民表达权；三是增强监督机制，保障农民监督权）。

此处的六大阻滞因素是针对 200 位被访者的访谈资料总结提炼的，属于本书稿中第四章贵州农村产业发展赋能乡村振兴战略的影响因素中的部分内容。这六大阻滞因素已被拆分融入第四章的内容。也就是说贵州农村产业发展赋能乡村振兴战略的五个影响因素（政策调控、产业定位、市场运作、乡村人才、农民素质）涵盖的内容更多，知识结构更完整，更符合本书稿的体系建构。此处列出六个阻滞因素的表达，只是因为这样总结的六个方面来源于对农民访谈资料的整理，更接地气地表述了农民面临的真实问题和真实想法。而这些真实问题和真实想法的呈现，更能唤起施政者对农民的耐心。

参考文献

［1］马克思恩格斯全集（第一卷）［M］. 北京：人民出版社，2006.

［2］陈锡文，韩俊. 农业转型发展与乡村振兴战略研究［M］. 北京：清华大学出版社，2019.

［3］赵立颖. 乡村振兴战略重构新农业——重构适合中国国情的农业"产融五阶"体系［M］. 北京：中国经济出版社，2019.

［4］魏后凯，闫坤. 中国农村发展书稿（2018）. 新时代乡村全面振兴之路［M］. 北京：中国社会科学出版社，2018.

［5］中国市长协会，小城市镇发展专业委员会. 解码乡村振兴战略［M］. 北京：中国农业出版社，2018.

［6］白雪秋，聂志红，黄俊立. 乡村振兴战略与中国特色城乡融合发展［M］. 北京：国家行政学院出版社，2018.

［7］杨书红，金会平，鲁家葵. 农村新能源开发经营一本通［M］. 北京：中国科学技术出版社，2018.

［8］国务院发展研究中心农村经济研究部. 构建竞争力导向的农业政策体系［M］. 北京：中国发展出版社，2017.

［9］宗锦耀. 农村一二三产业融合发展理论与实践［M］. 北京：中国农业出版社，2017.

［10］内蒙古沙产业，草产业协会. 钱学森第六次产业革命理论学习读本［M］. 西安：西安交通大学出版社，2011.

［11］刘恕，涂元季. 钱学森论第六次产业革命通信集［M］. 北京：中国环境科学出版社，2001.

［12］［以色列］尤瓦尔·赫拉利. 未来简史［M］. 林俊宏，译. 北

京：中信出版集团，2017.

[13] [以色列] 尤瓦尔·赫拉利. 人类简史 [M]. 林俊宏，译. 北京：中信出版集团，2014.

[14] [美] 奥瑟尔·奥尔. 集体行动的逻辑 [M]. 陈郁，译. 上海：上海人民出版社，2011.

[15] [英] 亚当·斯密. 国富论 [M]. 唐日松，等译. 北京：华夏出版社，2005.

[16] [意] 卡洛·M. 奇波拉. 欧洲经济史（第2卷）[M]. 北京：商务印书馆，1988.

[17] 杨莉. 三产融合促进我国乡村振兴的路径研究 [J]. 农业经济，2023（12）.

[18] 朱琦梅，杨佳怡，庄越. 产业扶贫成果与乡村振兴战略有效衔接路径研究 [J]. 农村经济与科技，2023（12）.

[19] 刘书博. 乡村振兴战略下基层党建引领乡风文明建设研究 [J]. 智慧农业导刊，2023（12）.

[20] 赵晓乐，陈婷. 乡村振兴背景下我国农业产业化组织创新的现实困境与路径探索 [J]. 农业经济，2023（12）.

[21] 卢京宇，郭俊华. 三产融合促进农民农村共同富裕：逻辑机理与实践路径 [J]. 农业经济问题，2023（11）.

[22] 郭晋萍，曹斌. 共同富裕视阈下联村发展模式创新——基于甘肃C地和山西J地分析 [J]. 西北农林科技大学学报（社会科学版），2023（05）.

[23] 谢慧丽，王进. 新型城镇化、农村产业融合与农民共同富裕的耦合研究——基于陕西省市域面板数据的分析 [J]. 广东农业科学，2023（04）.

[24] 胡珂，王程. 乡村全面振兴背景下农村土地数字化治理创新研究——政策·难点·路径 [J]. 山东农业大学学报（社会科学版），2023（04）.

[25] 徐凤琴. 乡村振兴战略下农村集体经济发展模式研究——以白柳镇为例 [J]. 产业创新研究，2023（01）.

[26] 曾丽军，万俊毅．中国农村产业扶贫政策演进与展望 [J]．中国西部，2023（01）．

[27] 张伊华，魏曙光．绿色金融、产业结构升级与农村三产融合 [J]．绿色科技，2022（12）．

[28] 王红．乡村振兴战略背景下金融支持与农业产业发展创新路径 [J]．农村经济与科技，2022（12）．

[29] 孙沛．乡村振兴战略背景下农村三产融合发展面临的现实困境与对策 [J]．安徽农业科学，2022（12）．

[30] 张西凤．乡村振兴背景下农村三产融合发展路径 [J]．经济研究导刊，2022（12）．

[31] 陈秀枝．乡村振兴战略下农村三产融合发展研究 [J]．农机市场，2022（12）．

[32] 赵仁．乡村振兴战略背景下的农村产业发展模式分析——以四川省南充市千坵村为例 [J]．农村经济与科技，2022（08）．

[33] 涂龄颖．普格县农村产业扶贫项目的问题及对策 [J]．新农业，2022（06）．

[34] 唐红涛，谢婷．数字经济视角下产业扶贫与产业振兴有效衔接的机理与效应研究 [J]．广东财经大学学报，2022（04）．

[35] 姜茜．乡村振兴战略下农村产业扶贫现状、问题及对策研究——以广东省 L 县为例 [J]．四川农业科技，2022（01）．

[36] 朱再清，张莫幸子．农村产业融合发展对新型城镇化的影响——基于省际面板数据 [J]．调研世界，2022（01）．

[37] 魏璐瑶，陆玉麒，靳诚．论中国乡村公共空间治理 [J]．地理研究，2021（10）．

[38] 张艳红，陈政，萧烽等．高质量发展背景下湖南农村产业融合发展水平测度与空间分异研究 [J]．经济地理，2021（10）．

[39] 易忠君，王振中．民族地区优势产业振兴路径的三重维度 [J]．资源开发与市场，2021（10）．

[40] 韩广富，叶光宇．从脱贫攻坚到乡村振兴：乡村特色优势产业的战略思考 [J]．西南民族大学学报（人文社会科学版），2021（10）．

[41] 陈云，朱莹莹. 多重资本运作下乡村特色产业发展路径——以宣恩伍家台村茶产业为例 [J]. 中南民族大学学报（人文社会科学版），2021 (09).

[42] 王晓莺，宁爱凤. 乡村振兴下新型农业经营主体设施用地研究 [J]. 农业经济，2021 (08).

[43] 尹振涛，李俊成，杨璐. 金融科技发展能提高农村家庭幸福感吗？——基于幸福经济学的研究视角 [J]. 中国农村经济，2021 (08).

[44] 顾宁，刘洋. 产业扶贫降低了贫困农户的脆弱性吗 [J]. 农业技术经济，2021 (07).

[45] 胡惠林. 城乡文明融合互鉴：构建中国乡村文化治理新发展格局 [J]. 治理研究，2021 (05).

[46] 张东玲，范伟丽，陈景帅. 农村产业融合、绿色城镇化与城乡均衡发展的协同效应——基于线性与非线性关系的实证分析 [J]. 重庆社会科学，2021 (05).

[47] 孙玉娟，孙浩然. 构建乡村治理共同体的时代契机、掣肘因素与行动逻辑 [J]. 行政论坛，2021 (05).

[48] 董翀. 产业兴旺：乡村振兴的核心动力 [J]. 华南师范大学学报（社会科学版），2021 (05).

[49] 李晓燕. 产业扶贫何以更好？：一个均衡协同治理框架 [J]. 公共管理与政策评论，2021 (04).

[50] 万志琼，邹华. 民族地区产业融合创新可持续发展路径探索——以云南省临沧市临翔区为例 [J]. 云南民族大学学报（哲学社会科学版），2021 (03).

[51] 王国敏，何莉琼. 巩固拓展脱贫攻坚成果与乡村振兴有效衔接——基于"主体—内容—工具"三维整体框架 [J]. 理论与改革，2021 (03).

[52] 王志辉，祝宏辉，雷兵. 农村电商产业集群高质量发展：内涵、困境与关键路径 [J]. 农村经济，2021 (03).

[53] 崔锐. 乡村振兴战略背景下我国农业科技协同创新的动力机制与现实路径 [J]. 农业经济，2021 (02).

[54] 李怀. 集体地权整合、农村经济发展与乡村治理现代化 [J].

新视野，2021（02）.

［55］张元洁，田云刚. 马克思的产业理论对乡村产业振兴的指导意义［J］. 中国农村经济，2020（10）.

［56］陈嘉祥. 我国欠发达地区农业产业化的减贫效应——基于15个省份面板数据的空间计量分析［J］. 山西财经大学学报，2020（10）.

［57］肖婧文，冯梦黎. 农村产业融合嬗变：利益联结与生产要素的互动和共演［J］. 财经科学，2020（09）.

［58］冯贺霞，王小林. 基于六次产业理论的农村产业融合发展机制研究——对新型经营主体的微观数据和案例分析［J］. 农业经济问题，2020（09）.

［59］张麦生，陈丹宇. 我国农村产业融合的动因及其实现机制研究［J］. 农业经济，2020（08）.

［60］姜庆志，胡炎平. 产业扶贫成败的多重逻辑及其组合研究——基于42个典型案例的定性比较分析［J］. 农村经济，2020（06）.

［61］贺卫华. 乡村振兴背景下新型农村集体经济发展路径研究——基于中部某县农村集体经济发展的调研［J］. 学习论坛，2020（06）.

［62］张悦悦，李翠珍，周德等. 乡村振兴视域下农村土地利用利益相关者分析［J］. 自然资源学报，2020（05）.

［63］林永兴，苏晖阳，余淼杰. 乡村振兴：四大短板与改革路径［J］. 产经评论，2020（04）.

［64］李二玲. 中国农业产业集群演化过程及创新发展机制——以"寿光模式"蔬菜产业集群为例［J］. 地理科学，2020（04）.

［65］刘明月，汪三贵. 产业扶贫与产业兴旺的有机衔接：逻辑关系、面临困境及实现路径［J］. 西北师大学报（社会科学版），2020（04）.

［66］黄娟娟，孙计领. 产业扶贫对贫困户的收入增加效应实证分析［J］. 调研世界，2020（03）.

［67］周立，李彦岩，罗建章. 合纵连横：乡村产业振兴的价值增值路径——基于一二三产业融合的多案例分析［J］. 新疆师范大学学报（哲学社会科学版），2020（01）.

［68］蒋和平，郭超然，蒋黎. 乡村振兴背景下我国农业产业的发展

思路与政策建议 [J]. 农业经济与管理, 2020 (01).

[69] 李二玲, 邓晴晴, 何伟纯. 基于产业集群发展的中部传统平原农区乡村振兴模式与实现路径 [J]. 经济地理, 2019 (12).

[70] 赵趁. 城乡融合背景下农村一二三产业融合发展新模式及实现路径 [J]. 农业经济, 2019 (11).

[71] 刘宇, 周建新. 新时代我国文化产业高质量发展的路径研究 [J]. 出版广角, 2019 (10).

[72] 陈文胜. 论乡村振兴与产业扶贫 [J]. 农村经济, 2019 (09).

[73] 李晓龙, 冉光和. 农村产业融合发展如何影响城乡收入差距——基于农村经济增长与城镇化的双重视角 [J]. 农业技术经济, 2019 (08).

[74] 张新友. 新疆文化产业发展水平的评价研究 [J]. 贵州民族研究, 2019 (08).

[75] 李忠斌, 骆熙. 特色村寨建设与深度贫困民族地区反贫困 [J]. 西南民族大学学报 (人文社科版), 2019 (07).

[76] 靳晓婷, 惠宁. 乡村振兴视角下的农村产业融合动因及效应研究 [J]. 行政管理改革, 2019 (07).

[77] 李冬慧, 乔陆印. 从产业扶贫到产业兴旺: 贫困地区产业发展困境与创新趋向 [J]. 求实, 2019 (06).

[78] 李忠斌, 骆熙. 特色村寨文化产业高质量发展评价体系研究 [J]. 民族研究, 2019 (06).

[79] 王军, 曹斌. 政府支持农民合作社参与产业扶贫的机制、困境与出路 [J]. 中国社会科学院研究生院学报, 2019 (05).

[80] 刘国斌, 李博. 农村三产融合与现代农业发展分析 [J]. 农业现代化研究, 2019 (04).

[81] 王博, 刘豪, 林杰等. 山西省农业产业融合内生动力影响因素分析——基于陵川县农业发展规划调查 [J]. 东北农业科学, 2019 (04).

[82] 刘斐, 蔡洁, 李晓静等. 农村一二三产业融合的个体响应及影响因素 [J]. 西北农林科技大学学报 (社会科学版), 2019 (04).

[83] 王林生. 现代文化市场体系: 粤港澳大湾区文化产业高质量发展的路径与方向 [J]. 深圳大学学报 (人文社会科学版), 2019 (04).

农村产业发展赋能乡村振兴的贵州实践

[84] 郭建晖. 江西文化产业高质量发展的政策创新路径 [J]. 江西社会科学，2019 (04).

[85] 李明贤，刘宸璠. 农村一二三产业融合利益联结机制带动农民增收研究——以农民专业合作社带动型产业融合为例 [J]. 湖南社会科学，2019 (03).

[86] 丁赛，王国洪，王经绫等. 民族地区县域文旅产业发展指标体系的构建和分析 [J]. 民族研究，2019 (02).

[87] 郑自立. 文化科技融合助推文化产业高质量发展的机理与策略 [J]. 当代经济管理，2019 (02).

[88] 程莉. 中国农村产业融合发展研究新进展：一个文献综述 [J]. 农业经济与管理，2019 (02).

[89] 庞庆明，周方. 产业扶贫时代意义、内在矛盾及其保障体系构建 [J]. 贵州社会科学，2019 (01).

[90] 熊爱华，张涵. 农村一二三产业融合：发展模式、条件分析及政策建议 [J]. 理论学刊，2019 (01).

[91] 刘国斌，陆健. 新时代就地就近城镇化产业培育研究 [J]. 东北农业科学，2019 (01).

[92] 贺达，任文龙. 产业政策对中国文化产业高质量发展的影响研究 [J]. 江苏社会科学，2019 (01).

[93] 吴艳霞，罗恒. 高质量经济视角下文化产业生态系统安全发展研究 [J]. 科技促进发展，2018 (12).

[94] 赵玫. 基于三维度的民族文化产业发展评价指标构建 [J]. 统计与决策，2018 (11).

[95] 吴宗璇. 乡村振兴战略背景下农村厕所革命的路径研究 [J]. 河南农业，2018 (11).

[96] 程方，王鑫，周少鹏等. 以钱学森第六次产业革命智慧引领农业大发展. [J]. "三农" 论坛，2018 (09).

[97] 高君，吴欣桐. 创新驱动下的文化产业发展：一种新的发展框架 [J]. 西南民族大学学报 (人文社科版)，2018 (07).

[98] 李忠斌. 论民族文化之经济价值及其实现方式 [J]. 民族研究，

2018 (02).

[99] 王忠, 宋少婷. 澳门文化产业影响因素评价及发展路径研究 [J]. 中国文化产业评论, 2018 (01).

[100] 李军, 罗永常, 李忠斌. 少数民族特色村寨建设的文化政策创新 [J]. 三峡论坛 (三峡文学·理论), 2018 (01).

[101] 袁俊, 高智. 珠三角地区文化产业与旅游业融合发展水平测度 [J]. 资源开发与市场, 2018 (01).

[102] 李忠斌, 郑甘甜. 民族地区新型城镇化发展的现实困境与模式选择. [J]. 民族研究, 2017 (05).

[103] 李锦云, 耿新. 人口较少民族传统文化传承研究——以黑龙江省黑河市新生鄂伦春族民族乡为例 [J]. 中南民族大学学报 (人文社会科学版), 2017 (02).

[104] 李玉磊, 李华, 肖红波. 国外农村一二三产业融合发展研究 [J]. 世界农业, 2016 (06).

[105] 姜长云. 日本的 "六次产业化" 与我国推进农村一二三产业融合发展 [J]. 农业经济与管理, 2015 (03).

[106] 廖祖君, 郭晓鸣. 中国农业经营组织体系演变的逻辑与方向. 一个产业链整合的分析框架 [J]. 中国农村经济, 2015 (02).

[107] 隋玉龙. 科技革命、产业革命及其影响 [J]. 国际研究参考, 2013 (06).

[108] 谢浩. 三次工业革命的历史演变 [J]. 大观周刊, 2013 (03).

[109] 李菲. 迎接新一轮产业革命 [J]. 今日浙江, 2012 (20).

[110] 龙云安. 第六次产业革命新论 [J]. 人民论坛, 2010 (12).

[111] 高珮义. 产业革命与工业更名的区别和联系 [J]. 郑州航空工业管理学院学报, 2008 (02).

[112] 刘颖琦, 李学伟, 李雪梅. 基于钻石理论的主导产业选择模型的研究 [J]. 中国软科学, 2006 (01).

[113] 张强, 龙鳞. 对民族文化产业评价指标体系的构建 [J]. 经济问题探索, 2005 (06).

[114] 钱学森. 建立农业型的知识密集产业 [J]. 农业经济问题, 1985

（03）．

［115］关士续. 关于"技术革命"和"产业革命"的概念 ［J］. 学习与探索，1985（02）.

［116］LONG H, TU S, GE D Z. The allocation and management of critical resources in rural China under restructuring: Problems and prospects ［J］. Journal Of Rural Studies, 2016（10）.

［117］BELL D, JAYNE M. The creative countryside: Policy and practice in the UK rural cultural economy ［J］. Journal Of Rural Studies, 2010（06）.

［118］LIU Y S, WANG J Y, LONG H L. Analysis of arable land loss and its impact on rural sustainability in Southern Jiangsu Province of China ［J］. Journal Of Environmental Management, 2010（01）.

［119］GE Y. Globalization and Industry Agglomeration in China ［J］. World Development, 2009（03）.

［120］MCCARTHY J. Rural geography: alternative rural economies − the search for alterity in forests, fisheries, food, and fair trade ［J］. Progress In Human Geography, 2006（10）.

［121］DARNHOFER I. Organic farming and rural development: Some evidence from Austria ［J］. Sociologia Ruralis, 2005（10）.

［122］钱学敏，于景元，戴汝为等. "科技是第一生产力"和新产业革命 ［N］. 科技日报. 1991−12−28.

附件一：问 卷

农村产业发展赋能乡村振兴的贵州实践

问卷编号：_____　　　所在村镇：_____（写明省、市、县、乡、村）

贵州农村产业发展路径研究调查问卷

背景信息

Q1. 性别【单选】

　　1. 男　　　　　　　　　　2. 女

Q2. 您的民族是_____

Q3. 请问您的年龄？【单选】

　　1. 15 岁及以下　　　　2. 16—24 岁　　　　3. 25—40 岁

　　4. 41—50 岁　　　　　5. 51—60 岁　　　　6. 61 岁及以上

Q4. 当前居住地

　　1. 城镇　　　　　　　　2. 农村　　　　　　　3. 两地都有

Q5. 请问您的最高学历？【单选】

　　1. 没读过书　　　　　　2. 小学　　　　　　　3. 初中

　　4. 高中（中专/技校）　5. 大专或本科　　　　6. 研究生及以上

Q6. 请问您的职业？【单选】

　　1. 农民　　　　　　　　2. 教师　　　　　　　3. 政府、事业单位人员

　　4. 在读大学生　　　　　5. 外出务工人员　　　6. 其他

Q7. 请问以下哪一项最能代表您的家庭年总收入情况？【单选】

    1. 6000 元及以下   2. 6001—10000 元   3. 10001—30000 元

    4. 30001—50000 元   5. 50001—80000 元   6. 80001—100000 元

    7. 100001 元及以上   8. 拒绝回答

主体问卷

Part A　产业调查

A1. 您认为所在村目前有什么重要的产业？【最多选三项】

    1. 种植业、养殖业   2. 农副产品加工业   3. 旅游观光业

    4. 住宿餐饮业   5. 电子信息产业   6. 机器制造业

    7. 矿产资源业   8. 其他_____

A2. 您是否参与了所在村的产业发展？【单选】

    1. 是   2. 否

Part B　认知与态度

B1. 您对农村产业发展的认知？【最多选三项】

    1. 增加农民负担   2. 增加农民收入

    3. 实施乡村振兴战略   4. 决战脱贫攻坚、决胜同步小康

    5. 解决当前农业结构性矛盾   6. 构建城乡融合发展格局

    7. 推进农业农村可持续发展   8. 不清楚

B2. 您认为所在村产业发展如何？【单选】

    1. 很好   2. 较好   3. 一般   4. 较差   5. 很差

B3. 您所在村产业发展的原因是？【最多选三项】

    1. 位置良好   2. 交通便利   3. 引进企业

    4. 人才支撑   5. 技术支撑   6. 政策支撑

    7. 其他_____

B4. 您对您所在村产业情况满意度？【单选】

    1. 非常满意   2. 基本满意   3. 一般

    4. 不满意   5. 非常不满意

B5. 您的家庭总收入相较三年以前的变化？【单选】

1. 大幅增加　　　　2. 有所增加　　　　3. 基本没变

4. 有所减少　　　　5. 大幅减少

B6. 您知道村里举办过哪些培训？【最多选三项】

1. 科技培训　　　　2. 农牧业实用技术培训　　　3. 就业创业技能培训

4. 动物防疫培训　　5. 党建知识培训　　　　　　6. 其他_____

B7. 您认为在农村产业发展中产业应该有什么特点？【最多选三项】

1. 产业发展前景好，经济效益高　　2. 乡村产业质量，持续增长力强

3. 彰显地区特色，体现乡村价值　　4. 形成乡村品牌，具有产业影响力

5. 其他_____

B8. 您认为农村产业发展需要重视哪些方面？【最多选三项】

1. 对接县域的产业发展　　　　　　2. 加强各产业之间的联系

3. 发展绿色产业　　　　　　　　　4. 发展地域特色产业

5. 其他_____

B9. 您觉得农村产业发展带来哪些变化？【最多选三项】

1. 促进经济发展　　　　　　　　　2. 改善生态环境

3. 合理配置资源　　　　　　　　　4. 增加农民收入

5. 其他_____

B10. 您认为推动农村产业发展最大的困难是？【最多选三项】

1. 思想观念薄弱，人才不足　　　　2. 地理环境制约

3. 缺少项目投资　　　　　　　　　4. 生产技术落后

5. 不清楚　　　　　　　　　　　　6. 其他_____

B11. 农村产业发展过程中，您认为政府最应该做什么？【最多选三项】

1. 大力宣传农村产业发展　　　　　2. 为农民提供技术服务

3. 帮助农民招商引资　　　　　　　4. 鼓励乡村人才创业

5. 政府组织规模化产业　　　　　　6. 完善基础设施建设

7. 不清楚　　　　　　　　　　　　8. 其他_____

B12. 在乡村振兴战略提出后，您对哪一个要求比较感兴趣？【最多选三项】

1. 产业兴旺　　　　　　　　　　　2. 生态宜居

3. 乡风文明　　　　　　　　　　　4. 治理有效

5. 生活富裕

Part C　开放题

C1. 您觉得农村产业发展中政策、人、产业等方面存在哪些问题？有什么建议？请举例说明 _____

_____

C2. 您目前面临的最大困难是什么？ _____

_____

C3. 您认为你们村未来发展方向是？请说明原因 _____

_____

附件一：问卷

附件二：SPSS 分析程序

*********************** 配额.

```
ctable
    /format empty = blank
    /table q1[c][ colpct 'Col%' f4. 2 count totals[ count ] ]
    /cat var= q1    total=yes empty=exclude .

ctable
    /format empty = blank
    /table q2[c][ colpct 'Col%' f4. 2 count totals[ count ] ]
    /cat var= q2 total=yes empty=exclude .

ctable
    /format empty = blank
    /table q3[c][ colpct 'Col%' f4. 2 count totals[ count ] ]
    /cat var= q3 total=yes empty=exclude .

ctable
    /format empty = blank
    /table q4[c][ colpct 'Col%' f4. 2 count totals[ count ] ]
    /cat var= q4 total=yes empty=exclude .
```

ctable

　　　　/format empty＝blank

　　　　/table q5［c］［colpct 'Col%' f4.2 count totals［count］］

　　　　/cat var＝q5 total＝yes empty＝exclude .

ctable

　　　　/format empty＝blank

　　　　/table q6［c］［colpct 'Col%' f4.2 count totals［count］］

　　　　/cat var＝q6 total＝yes empty＝exclude .

ctable

　　　　/format empty＝blank

　　　　/table q7［c］［colpct 'Col%' f4.2 count totals［count］］

　　　　/cat var＝q7 total＝yes empty＝exclude .

ctable

　　　　/format empty＝blank

　　　　/table a2［c］［colpct 'Col%' f4.2 count totals［count］］

　　　　/cat var＝a2 total＝yes empty＝exclude .

*************************分析.

2define ! cf(row＝! cmdend)

! do ! v ! in (! row)

　　ctable

　　　　　/format empty＝blank

　　　　　/table ! v［c］［colpct 'Col%' f4.2 totals［count］］by (q1+q2+q3+q4+q5+q6+q7)［c］

　　　　　/sla pos＝row

　　　　　/cat var＝! v q1 q2 q3 q4 q5 q6 q7 total＝yes empty＝exclude .

```
!  doend
!  enddefine.


************ a 部分.


************ a1.
mrset
/mcgroup name = $ a1 label = 'a1. 所在村的重要产业' variable = a101 a102
a103 a104 a105 a106 a107 a1q1.
!  cf row = $ a1.


************ a2.
!  cf row = a2.


************ b 部分.


************ b1.
mrset
/mcgroup name = $ b1 label = 'b1. 对农村产业发展的认知' variable = b101
b102 b103 b104 b105 b106 b107 b108.
!  cf row = $ b1.


************ b2.
!  cf row = b2.


************ b3.
mrset
/mcgroup name = $ b3 label = 'b3. 所在村产业发展的原因' variable = b301
b302 b303 b304 b305 b306 b3q1.
!  cf row = $ b3.
```

************ b4.

！ cf row＝b4.

************ b5.

！ cf row＝b5.

************ b6.

mrset

/mcgroup name＝＄b6 label＝'b6. 村里举办过的培训' variable＝ b601 b602 b603 b604 b605 b6q1.

！ cf row＝＄b6.

************ b7.

mrset

/mcgroup name＝＄b7 label＝'b7. 农村产业发展中产业应该有的特点' variable＝ b701 b702 b703 b704 b7q1.

！ cf row＝＄b7.

************ b8.

mrset

/mcgroup name＝＄b8 label＝'b8. 农村产业发展需要重视的方面' variable ＝ b801 b802 b803 b804 b8q1.

！ cf row＝＄b8.

************ b9.

mrset

/mcgroup name＝＄b9 label＝'b9. 农村产业发展带来的变化' variable＝ b901 b902 b903 b904 b9q1.

！ cf row＝＄b9.

*********** b10.

mrset

/mcgroup name = $ b10 label = 'b10. 推动农村产业发展的困难' variable = b1001 b1002 b1003 b1004 b1005 b10q1.

! cf row = $ b10.

*********** b11.

mrset

/mcgroup name = $ b11 label = 'b11. 农村产业发展过程中政府最应该做的事情' variable = b1101 b1102 b1103 b1104 b1105 b1106 b1107 b11q1.

! cf row = $ b11.

*********** b12.

mrset

/mcgroup name = $ b12 label = 'b12. 对乡村振兴战略中的要求哪个感兴趣' variable = b1201 b1202 b1203 b1204 b1205.

! cf row = $ b12.

*********** c 部分.

*********** c1a.

mrset

/mcgroup name = $ c1a label = 'c1a. 农村产业发展中政策、人、产业等方面存在的问题' variable = c1a01 c1a02 c1a03 c1a04 c1a05 c1a06 c1a07 c1a08 c1a09 c1a10 c1a11 c1a12 c1a13 c1a14 c1a15 c1aq1.

! cf row = $ c1a.

*********** c1b.

mrset

/mcgroup name = $ c1b label = 'c1b. 对农村产业发展中政策、人、产业等

方面的建议' variable = c1b01 c1b02 c1b03 c1b04 c1b05 c1b06 c1b07 c1b08
c1b09 c1b10 c1bq1.

　! cf row = $ c1b.

　　*********** c2.

　mrset

　/mcgroup name = $ c2 label = ᵗc2. 您目前面临的最大困难' variable = c201
c202 c203 c204 c205 c206 c207 c208 c209 c210 c211 c212 c213 c2q1.

　! cf row = $ c2.

　　*********** c3a.

　mrset

　/mcgroup name = $ c3a label = ᵗc3a. 您认为所在村未来的发展方向' varia-
ble = c3a01 c3a02 c3a03 c3a04 c3a05 c3a06 c3a07 c3a08 c3a09 c3a10
c3a11 c3aq1.

　! cf row = $ c3a.

　　*********** c3b.

　mrset

　/mcgroup name = $ c3b label = ᵗc3b. 判断所在村发展方向的依据' variable
= c3b01 c3b02 c3b03 c3b04 c3b05 c3b06 c3b07 c3b08 c3bq1.

　! cf row = $ c3b.

附件三：访谈提纲

1. 性别、民族、年龄、学历、职业等背景信息。

2. 您认为所在村目前有什么重要的产业？您是否参与了所在村的产业发展？

3. 您认为所在村产业发展如何？

4. 您知道村里举办过哪些培训？

5. 您认为农村产业发展需要重视哪些方面？

6. 您觉得农村产业发展带来哪些变化？

7. 您认为推动农村产业发展最大的困难是？

8. 农村产业发展过程中，您认为政府最应该做什么？

9. 在乡村振兴战略提出后，您对哪一个要求比较感兴趣？

10. 您觉得农村产业发展中政策、人、产业等方面存在哪些问题？有什么建议？

11. 您目前面临的最大困难是什么？

12. 您认为你们村未来发展方向是什么？

附件四：部分田野点照片

一、黔南布依族苗族自治州罗甸县沫阳镇

1-1

1-2

二、安顺市平坝区白云镇白云村

2-1

2-2

三、凯里市碧波镇先锋村

3-1

3-2

四、盘州市新民镇林家田村

4-1

4-2

五、遵义市余庆县白泥镇下里村

5-1

5-2

六、毕节市大方县鼎新乡兴启村

6-1

6-2

七、黔西南州晴隆县鸡场镇学官村

7-1

7-2

7-3

7-4

八、松桃县乌罗镇前进村

8-1

8-2

8-3

九、三都水族自治县中和镇新阳村蓝领大寨

9-1

9-2

十、黔东南苗族侗族自治州施秉县城关镇舞阳村

10-1

10-2

十一、遵义市习水县回龙镇周家村

11-1

11-2

十二、毕节市七星关区撒拉溪镇龙场村

12-1

12-2

12-3

12-4

十三、黔东南苗族侗族自治州镇远县金堡镇羊满哨村

13-1

13-2

13-3

13-4

后 记

科技改变生活，我们在习惯于打开手机点外卖、十分钟之内咖啡送到手等便捷服务的同时，也惊喜地发现机器人已规模化进驻餐厅、宾馆、高端写字楼等场所，更为惊喜的是，在人们通常的地域认知中，贵州作为相对落后的西部省份，已经成功探索并初步实现了农村产业的规模化运作，数字化平台的便捷、物联网的发达让天堑变通途，借台唱戏、黔货出山，贵州的农村产业发展乘着科技的东风一路高歌猛进。

农民是农村产业发展的主力军，也是最大的受益者，身在农村产业变革浪潮之中的他们有着更深刻的体悟和酸甜苦辣感知。为更好地服务于贵州经济社会发展，全力围绕"四新"主攻"四化"，奋力建设"四区一高地"，真正破解农村产业发展多重约束、解决多重难题，笔者通过对200位被访者的深度访谈，直击当事人内心深处，听民声、探实情、察民意、解民忧，提出切实可行的农村产业发展新路径。整个访谈过程历时八个月之久，涉及贵州黔东南苗族侗族自治州凯里市碧波镇先锋村、黔东南苗族侗族自治州镇远县焦溪镇猛溪村、黔东南苗族侗族自治州麻江县贤昌镇新场村、黔东南苗族侗族自治州施秉县城关镇舞阳村、黔南布依族苗族自治州三都水族自治县中和镇新阳村蓝领组、黔南布依族苗族自治州荔波县瑶山乡巴年村弄拉组、黔南布依族苗族自治州罗甸县（沫阳镇沫阳村、沫阳镇红星村、凤亭乡、纳闹村）、遵义市习水县回龙镇周家村、遵义市红花岗区新舟镇绿塘村、遵义市余庆县白泥镇下里村二组、毕节市纳雍县化作乡益兴村、毕节市七星关区八寨镇、毕节市七星关区撒拉溪镇龙场村、毕节市大方县鼎新乡兴启村、铜仁市松桃苗族自治县大兴镇婆硐村、铜仁市德江县合兴镇长线村、铜仁市松桃县乌罗镇前进村龙家贯组、铜仁市思南县大坝场镇花坪村、仁怀市苍龙街道办事处板桥村、盘州市新民镇林家田村等7个市（州）20个田野点的汉族、土家族、回族、苗族、布依族、侗族、水族、瑶族、畲族、穿青人等多民族干部和群众。访谈过程中，有听到乡镇干部、教师、医护人员、外出务工者、军人、退休人员、学生、非遗传承人等信心满满的美好期许，也有和未外出务工农民、个体户、商人等促膝聊天的产业担忧和顾忌，他们的事例太过真实生动，于是笔者选择基本保持原貌地呈现被访者访谈实录，以期让更多的专家学者、机关工作人员及对农村产业发展感兴趣的人们对访谈内容见仁见智。当然，在对访谈资料进行整理归纳的基础上，笔者据此做了大量的分析判断，可能会有不当之处，恳请读者批评指正。

写作书稿的过程，是我在给2020级民族学二班研究生讲授《民族学田野调查与方法》的过程，得益于授课期间的充分互动，问卷设计、访谈提纲、田野点选取、书稿框架等在一次次活跃欢快的课堂氛围中形成，甘定富、欧阳琳洁、曾军军、钟会、杨福银、石小酸、尹长富、田正国、文治露、邱媛雯、田敏、刘丽、张萌、周旺越、贺欣敏、任露江、唐育阳、班熙霞、彭梅、黎松、梁珂珂、曹宏引、王一帆、尹槐等24位研究生在问卷数据搜集和访谈记录的实践操作环节，体现出了较强的专业素养和吃苦精神，他们是一手资料的最大贡献者。我所带的研究生朱鹏程、赖佳艺、谢丹、李菲菲、张彩虹等在资料整理和论文框架讨论的过程中做了大量工作，是他们的勤奋进取、攻坚克难让书稿初稿得以尽快完成。修改书稿的过程，也是我在国家民委民族团结促进司借调锻炼的过程，国家民委赵勇副主任，民族团结促进司黄耀萍司长、李钟协副司长、杜宇副司长、孙沐沂处长、王伟副处长、王华副处长、门豪副处长，教育司宋全司长，理论研究司张谋司长、张世保副司长、刘元如处长，人事司关宇处长，办公厅蒋利辉处长等多位领导同志给予我大力支持，在此一并致以最诚挚的谢意。出版书稿的过程，更是积集体努力于一身，积力之所举、众智之所为，可以说，若没有贵州民族大学宣传部部长董强给予的青年学术先锋号出版经费资助、贵州民族大学民族学与历史学学院副院长郭国庆与出版社的积极联络推动、中央民族大学出版社编辑舒松的严谨编校，书稿不可能如此快速高质量的出版发行。一股暖意流过心田，致敬每一位为书稿做出贡献的你们。

个人于集体，沧海一粟、渺不足道，是贵州民族大学成就了我，给了我神圣的三尺讲台和一生信仰，我将继续坚持用最朴实的语言"描述—分析—预测"最真实的社会问题，提供最可行的解决方案，为学生发展和社会进步贡献毕生精力。

后记